近江
旅の本

北近江の山歩き

花と琵琶湖と歴史に出会う

西 岳人 著

北近江の山は、土地の人たちの生活と
深く結びついてきた。
そこは神が宿る世界だったし、
日々の糧を得る場でもあった。
山の麓にも頂にも、
歴史を知る手がかりが残されている。
そして、山は生き物たちの世界でもある。
季節の変化も、山ではいっそう鮮やかだ。
そんな北近江周辺の山々を、
読者のみなさんも
歩いて楽しんでいただきたい。

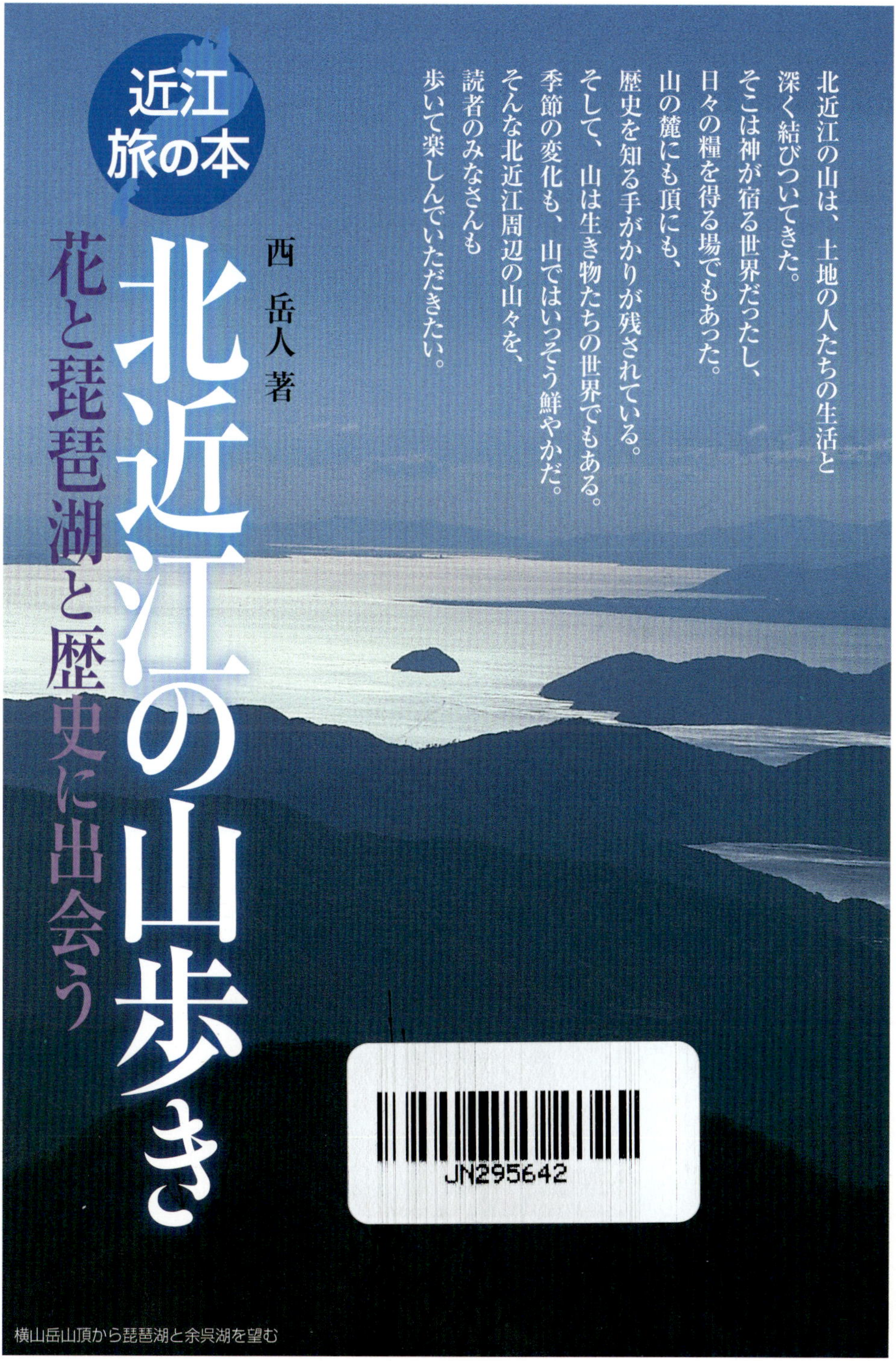

JN295642

横山岳山頂から琵琶湖と余呉湖を望む

琵琶湖が見える

近江の県境には、伊吹山系、鈴鹿山系、比良山系、そして野坂山系と周囲を１０００メートル級の山々が取り囲み、その真ん中に母なる琵琶湖が水を湛えている。周囲の山々に降った雨や雪が、琵琶湖に豊かな水をもたらしている。だから北近江の山へ登れば、ほとんどの山から琵琶湖が見える。この本で紹介している50山のうち、琵琶湖を望めないのは、内陸部にある低山など、わずか７山ほど。北近江の山へ登る大きな楽しみの一つが、琵琶湖を望めることである。

歴史に出会える

近江には、１３００を超える山城跡があるといわれる。とりわけ北近江は、甲賀地域とともに屈指の山城跡の密集度を誇っている。戦国時代、姉川や賤ヶ岳、関ヶ原など、天下分け目の戦が北近江を舞台に繰り広げられた。それ以前には、佐々木京極家と六角家が北近江と南近江に分かれて覇を競った。標高がおよそ５００ｍまでの山には、そのほとんどに曲輪や堀切、土塁といった山城の遺構が残っている。山岳宗教の拠点であった山も多い。標高７００ｍを超える高所に築かれた寺院もある。それらの山城跡や寺院跡を訪れるのも、楽しみの一つである。

いろんな花がある

名前に「イブキ」とついた植物は、イブキトラノオ、イブキトリカブト、イブキフウロなど30種類以上もある。伊吹山の高山植物の豊かさは、石灰岩の山ゆえの低木層が多い樹相にある。伊吹山から南にある山は、多くがカルスト台地で、山頂は広々とした高原の様相を見せている。そんな山には、可憐な花々が山道を彩る。日本海側と太平洋側の気候が入り混じった特異な風土にも、その要因があるのだろう。イカリソウだけを見ても、日本海側に咲く淡い紅色と、濃い紅色のものがあって、登る山によって違ったりする。いろんな花に出会えるのも楽しみである。

里に近くて便利

北近江の山は、多くが里人の暮らしと深く結びついてきた。水の源にあることから、神が宿る場所として崇められてきたし、食料や燃料、建築材料など、暮らしの糧を得る場所でもあった。だから、町や村と近いところに山がある。高速道路のインターチェンジから、車で登山口まで1時間以内で行くことができる。日帰りで悠々と楽しむことができる山が多いのだ。

↑伊吹北尾根の燕平から伊吹山を望む

北近江の山歩き
花と琵琶湖と歴史に出会う

CONTENTS
目次

高島市 6
寒風山・大谷山6／赤坂山9／乗鞍岳13

伊香郡 16
山門水源の森16／深坂古道18／行市山20／柳ヶ瀬山22／大黒山24／七々頭ヶ岳27／横山岳31／菅山寺35／田上山・呉枯ノ峰38／己高山40／湧出山43／賤ヶ岳45／西野山周辺48

長浜市・東浅井郡 50
山本山50／小谷山53／虎御前山56／金糞岳58／夫婦滝62／天吉寺山64／七尾山67／龍ヶ鼻古墳・息長御陵70／横山城跡72／横山環境保全林74

米原市 76
射能山76／五色の滝80／伊吹山82／伊吹北尾根86／弥高寺跡・上平寺城跡90／源氏山92／清滝山94／日撫山96／やまんばの森98／カブト山100／磯山102／太尾山104／鎌刃城跡106／松尾寺山109／八葉山112／霊仙山114

湖東 118
佐和山118／荒神山120／青龍山122／鍋尻山124／高室山126／御池岳128／藤原岳130／勝楽寺城跡132

あとがき

凡例

難易度
- 気分爽快お手軽ハイキングコース
- 体力あれば危険なしの1日コース
- 体力・経験ふまえ充実の1日コース

トレッキング適期
- 山歩きが最も爽快な時期……
- まずまず山歩きできる時期……
- 気軽に山歩きできない時期……

本書に掲載した地図は、国土地理院長の承認を得て、同院発行の数値地図25000（地図画像）を複製したものである。（承認番号　平19総複、第805号）

A
B
C
D
E
1
2
3
4
5
6
7
栃ノ木峠
敦賀
P.24 大黒山
P.22 柳ヶ瀬山
高時川
P.31 横山岳
しんひきだ
P.18 深坂古道
JR北陸本線
P.27 七々頭ヶ岳
余呉町
岐阜県
福井県
P.16 山門水源の森
P.20 行市山
P.58 金糞岳
木之本町
P.35 菅山寺
P.13 乗鞍岳
三国山
よご
おうみしおつ
P.40 己高山
P.38 呉枯ノ峰
西浅井町
余呉湖
P.9 赤坂山
P.38 田上山
P.62 夫婦滝
P.6 寒風山
ながはら
きのもと
P.45 賤ヶ岳
P.76 射能山
木之本IC
P.3 大谷山
P.43 湧出山
P.64 天吉寺山
三重岳
JR湖西線
P.86 伊吹 北尾根
まきの
P.48 西野山 周辺
たかつき
P.80 五色の滝
P.53 小谷山
高月町
P.50 山本山
P.56 虎御前山
かわけ
湖北町
P.67 七尾山
おうみなかしょう
P.82 伊吹山
竹生島
虎姫町
P.70 龍ヶ鼻古墳
とらひめ
P.90 弥高寺跡
石田川
琵琶湖
長浜市
P.70 息長御陵
おうみいまづ
北陸自動車道
長浜IC
米原市
姉川
P.72 横山城跡
P.90 上平寺城跡
本書での地域区分
福井県
伊香郡
岐阜県
長浜市 東浅井郡
米原市
高島市
湖東
京都府
三重県
ながはま
P.92 源氏山
おうみながおか
P.74 横山環境保全林
P.96 日撫山
P.100 カブト山
P.94 清滝山
たむら
P.98 やまんばの森
かしわばら
さかた
JR東海道本線
さめがい
P.104 太尾山
米原IC 米原JCT
まいばら
P.109 松尾寺山
P.102 磯山
P.106 鎌刃城跡
多景島
P.112 八葉山
P.118 佐和山
P.114 霊仙山
芹川
犬上川
彦根市
ひこね
P.124 鍋尻山
みなみひこね
彦根IC
かわせ
P.126 高室山
P.120 荒神山
たがたいしゃまえ
あまご
P.122 青龍山
JR琵琶湖線
豊郷町
甲良町
多賀町
東海道新幹線
P.132 勝楽寺城跡
いなえ
P.128 御池岳
愛荘町
名神高速道路
近江鉄道
東近江市
ようかいち

寒風山・大谷山

［高島市］

琵琶湖と日本海を見ながら稜線漫歩

かんぷうざん・おおたにやま
850m

トレッキング適期

1月
2月
3月
4月
5月
6月
7月
8月
9月
10月
11月
12月

⬆積み木のようなメタセコイア並木

マキノという地名から受ける印象は、平原と高原である。広々とした開放感を感じさせる町の名だ。高原という言葉は明治以前の辞書にはなかったと、深田久弥は『日本百名山』に書いている。高原を美しいと感じる心は、明治以降日本に西洋の自然観がもたらされ、日本人が山を歩く楽しみを見出してから生まれたのだろう。

マキノ町の名は、**マキノスキー場**に由来するそうだ。昭和5年に開かれた老舗のスキー場で、当時、京阪神でよく知られた名前だった。牧野という村にあるのだが、カタカナの町名になったのは、スキー場の知名度にあやかってのことらしい。

なだらかな平原状の地形は、雪が降るとそのままゲレンデになった。しかも琵琶湖からそう遠くない。車が普及していない当時は、大津から船で海津港へ来てマキノまで歩けば、手軽にスキーが楽しめた。スキー創成期には、そういう利点があったのである。

小春日和のなか、めざすのはスキー場の西に連なる山並みである。デイキャンプなどで賑わいを見せる広々としたゲレンデ

⬆なだらかな高原状の尾根道

を歩いていくと、草紅葉の草原が終わるところから、山に向かって木の階段が続いている。赤坂山自然歩道の入口であるが、この道は粟柄《あわがら》越えといい、近江と若狭を結ぶ峠道の一つだった。

粟柄峠までの山道は、変化に富んでいる。人々の往来をしのばせる歴史も刻まれている。ほとばしる渓流があり、石畳があり、石仏様が祀られている。春にはイワカガミやカタクリが慎ましく道端を彩る。ミツバツツジが新緑のなかに映え、タムシバが青空に真綿のような花をつける。

峠がある尾根は、背の低い灌《かん》木《ぼく》と草原が広がる美しい高原である。峠の先は日本海。そして、来た道を振りかえると、琵琶湖が望める。北には、赤坂山《あかさかやま》がなだらかな山容を見せている。めざす寒風山《かんぷうざん》と大谷山《おおたにやま》は、南への尾根道を行く。

ゆったりとうねるように、アップダウンする高原状の稜線が続いている。前方を歩く数人のパーティが手に取るように見えるが、なかなか追いつけない。かなりの距離があるのだ。クマザサの原が広がり、タマツゲとアセビの灌木帯が現れる。両側は琵琶湖と日本海が一望できる。すばらしい稜線漫歩である。

やがて**寒風山**に到着する。眼下にマキノのクリ園を貫くメタセコイア並木が見える。小さな円錐の積み木を並べたようだ。その先に、茫洋とした琵琶湖が広がっている。京都から来たという若者たちのパーティは、山頂からマキノスキー場へ下りていった。

時間に余裕があれば、寒風山

から**大谷山**を経て石庭《いしば》へ下りるコースを勧めたい。大谷山までは、同じように快適な高原状の尾根道が続く。**石庭**までの下りは、雑木林が広がる明るい尾根道である。秋にはすばらしい紅葉が楽しめる。

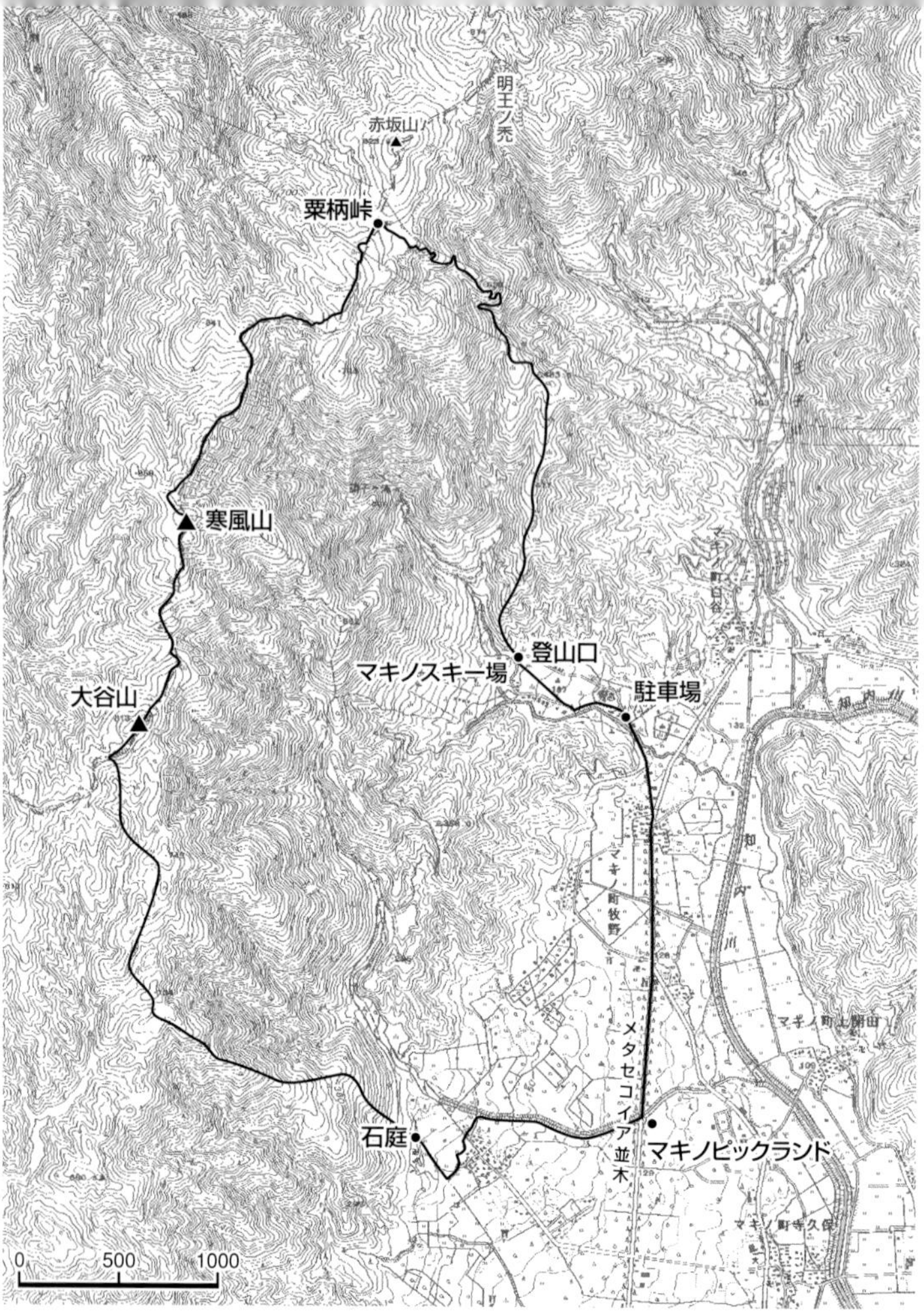

参考タイム

登山口 ―85分― 粟柄峠 ―60分― 寒風山 ―40分― 大谷山 ―80分― 石庭 ―50分― マキノスキー場

アプローチ　マキノスキー場へ

北陸自動車道木之本ICから車で20分。JR湖西線マキノ駅からマキノタウンバスでマキノ高原温泉さらさ下車。

周辺のおすすめスポット

【マキノピックランド】メタセコイア並木の両側に広がる広大な果樹園でブドウやリンゴ、ブルーベリーなどのもぎ取り、クリ拾い、イモ掘りなどが体験できる。レストランや特産品のショップなどもある。(☎0740-27-0264)

問い合わせ先　マキノ町観光協会 ☎0740-28-1188

⬆明王ノ禿から北近江の山々が一望できる

Akasaka yama　全域地図——A3

赤坂山

東に琵琶湖、西に若狭湾が一望の山

［高島市］

あかさかやま
824m

トレッキング適期
1月
2月
3月
4月
5月
6月
7月
8月
9月
10月
11月
12月

北近江でもっとも美しい自然の風景を一つ選ぶなら、迷わずマキノの里を推したい。なだらかな平原状の台地に広がる雑木林、その林床に咲く季節の花々、そして平原のなかをまっすぐに延びるメタセコイアの並木。それらは、決して手つかずの自然ではない。

クヌギやコナラの雑木林は、シイタケの栽培や炭焼き、あるいは燃料となる薪を採るために、連綿と手入れをされてきた林である。2・4㎞にも及ぶメタセコイア並木にいたっては、30年近く前に地元の果樹生産組

⬆展望台を過ぎた所から見る明王ノ禿

⬆山道に咲くイワウチワ

合が植えたものだという。それが、いまでは数十mの大木に育っている。自然を守るというのは、そういう風景をつくり伝えていくことなのだ。

　マキノの風景に、奥深さをもたらしているのが、背後に連なる野坂《のさか》山地の山並みである。なかでも、主峰の一つである赤坂山は、トレッキングに最適の山である。

　赤坂山《あかさかやま》の登山口は、**マキノスキー場**の一角にある。昭和の初めに開かれたという老舗のスキー場は、いまはむしろキャンプやハイキングなどで訪れる人が多い。広々とした緑の草原を歩いていくと、草原が終わるところから木の階段が付いている。赤坂山自然歩道の入口である。

　階段状の遊歩道が、やがてなだらかな山道に変わり、一息入れたいと思うころ、琵琶湖を一望できる**展望台**に着く。立派な東屋もあり、ゆっくりと休憩するには最適のポイントである。ここから小さなアップダウンを繰り返すと、豊かな水が流れる沢と出合う。冷たい水で喉をうるおしていこう。この先は、**9合目**の高原まで、つづら折りの山道が続く。

　早春から初夏にかけて、このあたりの山道は、さまざまな樹の花で彩られる。春にはコブシやタムシバ、ミツバツツジといった花々が咲き、初夏にはサラサドウダン、ベニドウダン、タニウツギといった樹の花が楽しめる。

　やがて、突然のようになだらかな高原に出ると、さわやかな風が汗ばんだ肌を通り抜けていき、すばらしい爽快感に包まれる。クマザサのなかをトレース※

※トレース：踏み跡

⬆明王ノ禿から琵琶湖を望む

されたゆるやかな山道の先に、こんもりとした山頂が見える。山頂からは、東に琵琶湖、西に若狭湾が一望である。そして、北には**明王《みょうおう》ノ禿《はげ》**と呼ばれる岩の露出した山塊が見え、アルペン的な景観を呈している。

赤坂山からいったん鞍部へ下り、登りかえすと明王ノ禿に着く。

明王ノ禿から北へ縦走すると、近江と若狭、越前の境となる**三国山《みくにやま》**へ通じる。その山頂近くに高層湿原があり、梅雨の季節にしか咲かないというキンコウカの花が見られる。

登山口のマキノ高原には、サラサドウダンにちなんで、「さらさ」と名づけられた温泉がある。トレッキングのあとの温泉は格別である。ぜひ立ち寄っていきたい。

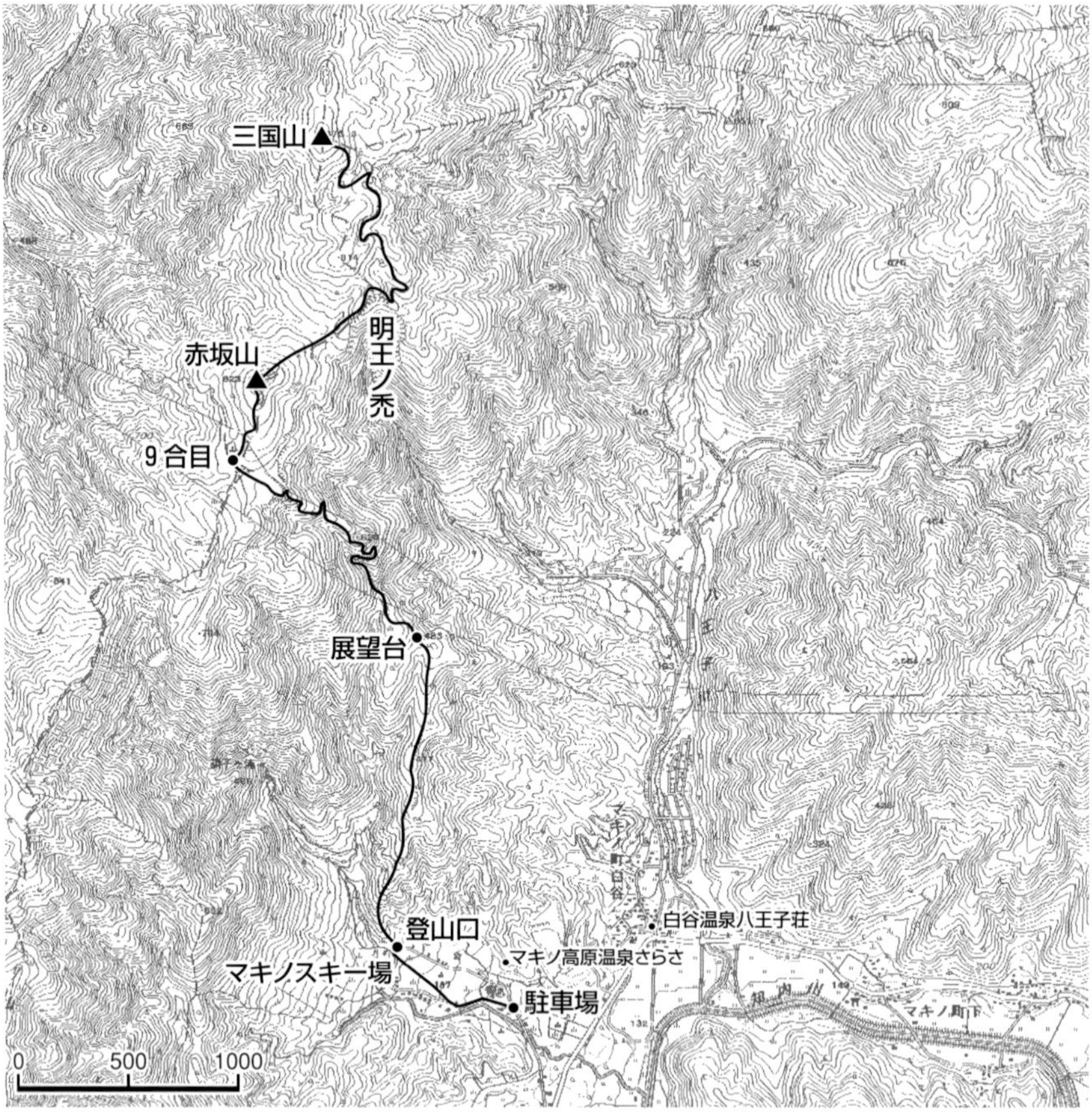

参考タイム

駐車場 ―15分― 登山口 ―40分― 展望台 ―45分― 9合目 ―20分― 赤坂山 ―20分― 明王ノ禿 ―20分― 三国山

アプローチ **マキノスキー場へ**

北陸自動車道木之本ICから車で20分。JR湖西線マキノ駅からマキノタウンバスでマキノ高原温泉さらさ下車。

周辺のおすすめスポット

【マキノ高原温泉さらさ】 赤坂山に咲くサラサドウダンから名づけられた温泉。露天風呂・四季湯・寝湯・ジャグジー・バーデゾーンなどが楽しめる。レストランも併設。(☎0740-27-8126)

【白谷温泉八王子荘】 赤坂山麓にあるひなびた温泉。リウマチや高血圧に効果がある良質のラジウム泉として知られる。マキノ高原から1㎞と近く、宿泊・日帰り入浴ができる。(☎0740-27-0085)

問い合わせ先 **マキノ町観光協会 ☎0740-28-1188**

⬆国境スキー場を眼下に尾根を登る

乗鞍岳

［高島市］

葛籠尾崎と海津大崎と竹生島を望む山

のりくらだけ
８６５ｍ

トレッキング適期

1月
2月
3月
4月
5月
6月
7月
8月
9月
10月
11月
12月

⬆新緑のブナ林は美しい

乗鞍岳《のりくらだけ》は、かねてから気になっていた山だが、なかなか登る機会がなかった。近江と若狭のあいだにある、野坂山地の主要な山の一つだ。地図に記された山名を見るだけで、ロマンチックな気分にさせてくれる。

「乗鞍岳へ行ってきた」と言うと、「いいね」という答えが返ってきそうだ。信州と飛騨の国境にそびえる乗鞍岳は、数少ない３０００メートル峰の一つである。スカイラインが山頂近くまで付いていて、近年マイカー禁止になったが、２７００ｍまでバスで上がれる。誰でもが、３

⬆大浦の入り江の先に浮かぶ竹生島

000mの高みを体験できるポピュラーな山だ。

乗鞍岳というと、北アルプスの3000メートル峰を連想してしまうのだ。だが、今回紹介するのは高島市マキノ町の北にある乗鞍岳である。東の麓にある**国境《くにざかい》スキー場**のゲレンデから山を望むと、たしかに馬の背に乗せる鞍のような形をしている。

国境スキー場は、その名のとおり近江と若狭を隔てる峠にあり、そこから西に向かって乗鞍岳まで尾根が伸びている。尾根には、関西電力の鉄塔の巡視路が付いており、よく踏まれた登山路にもなっている。

登り口は少しわかりにくい。スキー場の北にある土取り場の一角から登っていくのだが、スキー場のゲレンデをリフト終点まで登り、少し無理をして直登すれば尾根道に出ることもできる。

尾根に出ると、なだらかな山道になる。左手に、木々のあいだから国境スキー場のゲレンデが見え隠れする。15分も歩くと、**最初の鉄塔**に着き、スキー場とその南にある国境の集落が一望できる。

ここからコースを90度西へ折れて、789mの**第一のピーク**へ向かう。歩くうちに、この山が雑木林でおおわれていることがわかる。とにかく明るい山だ。途中すばらしいブナ林が広がる林を通るが、新緑の季節のブナ林は豊かだ。鮮やかな緑の葉が頭上に輝き、陽の光が緑色のシャワーとなってふりそそぐ。緑のドームに包まれているようだ。

789mのピークを過ぎる

と、やがて琵琶湖が見えてくる。葛籠尾《つづらお》崎と海津《かいづ》大崎が琵琶湖へ張り出し、二つの半島に挟まれた大浦の入り江の先に、竹生島《ちくぶしま》が浮かんでいる。新鮮な竹生島の眺めである。

2番目の鉄塔を越えてしばらく進むと、道は二股に分かれている。ここを左手へ進み急登の道を進む。少しヤブこぎを強いられるが、**山頂**はすぐである。

山頂からは、湖北と湖西の山々が一望できる。東を望み、横山岳から金糞岳《かなくそだけ》、射能山《しゃのうざん》、伊《い》吹山《ぶきやま》と、これまでに登った山を順に迫っていくのも楽しみの一つだ。反対側を望むと、赤坂山がすぐ間近に迫っている。国境の尾根を西へたどれば、赤坂山へ行くことができる。いつか残雪の季節に歩いてみたい。

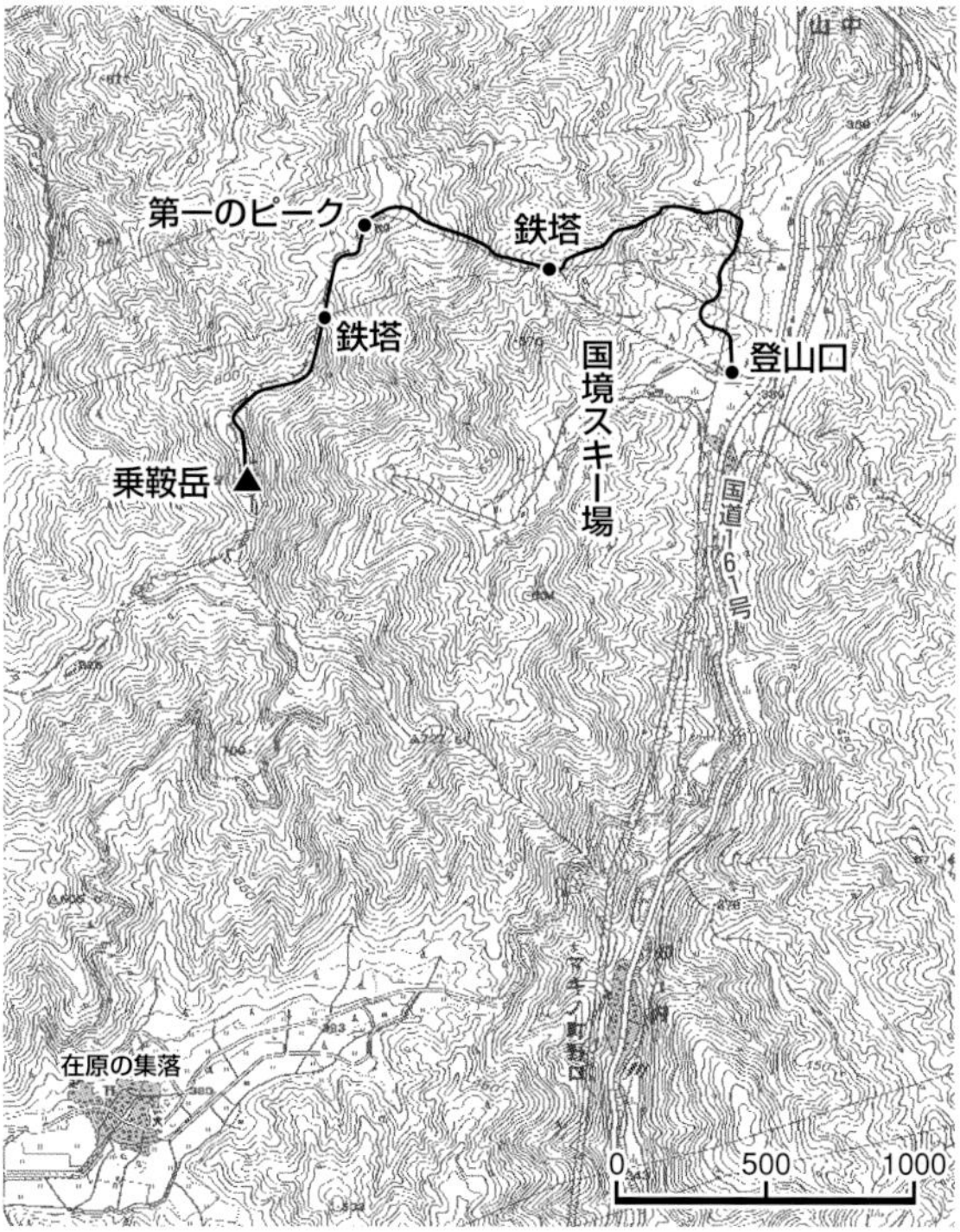

参考タイム

国境スキー場 ―30分― 最初の鉄塔 ―30分― 第一のピーク ―20分― 2番目の鉄塔 ―30分― 乗鞍岳

アプローチ **国境スキー場へ**

北陸自動車道木之本ICから車で20分。JR湖西線マキノ駅からバス国境線終点下車。

周辺のおすすめスポット

【在原の集落】 平安時代の歌人在原業平が隠居した地と伝えられる茅葺き民家の集落。業平そばの店やシャレた喫茶店などもある。

問い合わせ先 マキノ町観光協会 ☎0740-28-1188

山門水源の森

氷河時代の贈り物ミツガシワの湿原

［西浅井町］

やまかどすいげんのもり
516m

トレッキング適期

1月
2月
3月
4月
5月
6月
7月
8月
9月
10月
11月
12月

　福井県境に近い西浅井《にしあざい》町の山中に、山門《やまかど》湿原と呼ばれる高層湿原がある。この湿原には、氷河時代の生き残りといわれる貴重な植物ミツガシワが自生している。ゴールデンウィークのころ、白い可憐な花が湿原を彩る。池塘《ちとう》をめぐれば、湖北の自然の豊かさにあらためて感動するに違いない。

　国道8号を北上し、県境の手前にある沓掛《くつかけ》の集落を越えると、清掃センターの案内がある左手へ折れる道がある。そこから1㎞ほど進むと**駐車場**があり、「山門水源の森入口」と記された案内板が立っている。

　歩きはじめてすぐに、「やまかど森の楽舎《まなびや》」と名づけられたログハウス風の建物が現れる。湿原を守る人たちの活動の拠点として、数年前にオープンした建物である。そばには、湿原を守る人たちの手でビオトープがつくられている。

　小さな小川を渡ると林道と合流するが、すぐに林道と分かれて明るい雑木林の山道を登っていく。左手の谷からは、さきほど渡った小川のせせらぎが聞こえてくる。湿原から流れ出る唯一の川である。やがて、大きな案内板がある**三叉路**に着く。湿原をぐるりと取り巻く尾根上にあたり、ここを左手に下りていくと美しい湿原が現れる。

　山門湿原が生まれたのは、十数万年前だという。大浦断層の活動によって窪地ができ、徐々に土砂や火山灰などが堆積していった。湿地化した場所にミズゴケが繁殖し、数万年というはるかな歳月の繰り返しによって泥炭層が形成される。そこに、湿原にしか見られない生き物たちが生き続けてきたのだ。

　湿原は、くの字を裏返しにしたような形をしており、北と南

⬆山の中腹から見る湿原

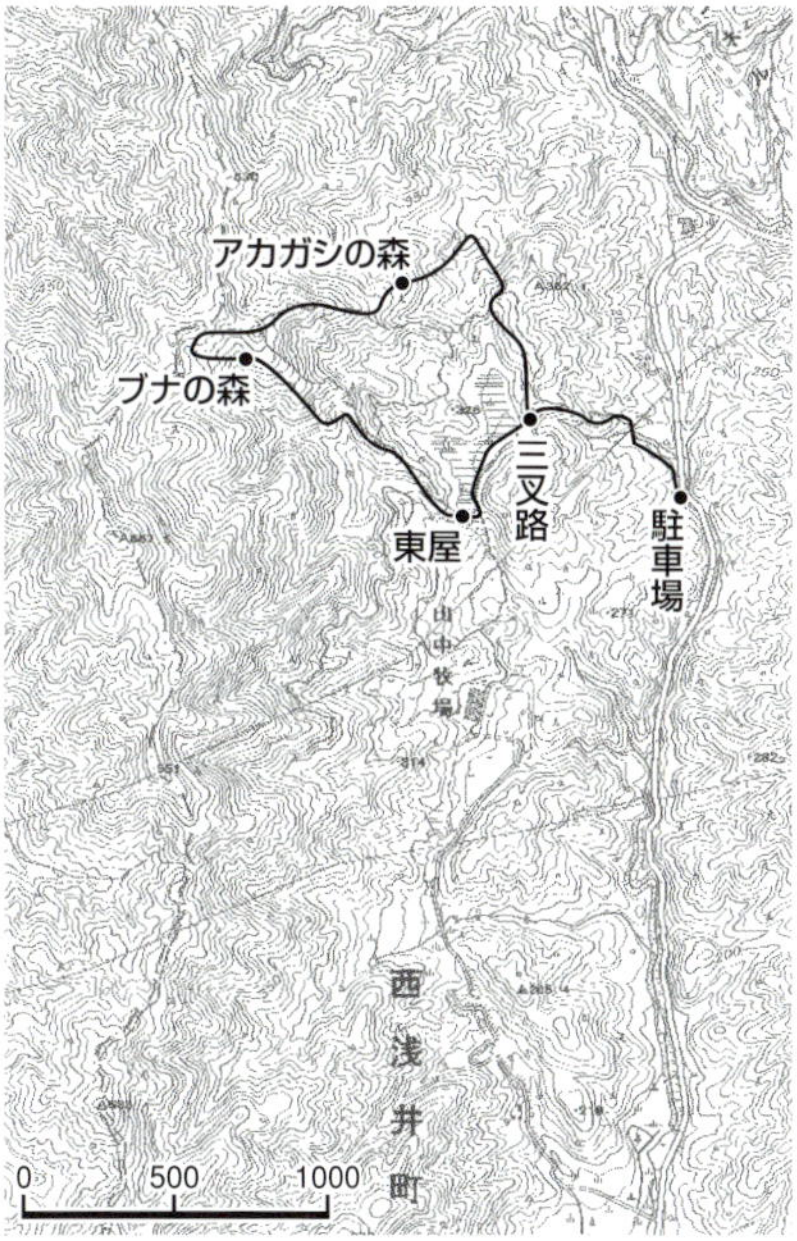

に大きく分かれている。北部湿原は灌木《かんぼく》で被われ、数千年のスパンでとらえると、湿原の最後の姿だといえる。南部湿原は湿地として現役であり、美しい池塘が点在している。南部湿原の周りを時計回りにめぐると、湿原の南端に**東屋**がある。新緑の森が周囲を取り巻き、ミツガシワの白い花が湿原を被う。まさに森のなかの桃源郷である。

東屋を過ぎると、道は徐々に高度を上げていく。左手の尾根をたどり**ブナの森**を抜けると、標高５００ｍあまりのピークに達する。ここから尾根を右手にたどると、今度は**アカガシの森**が現れる。

アカガシは常緑の広葉樹で、暖かい気候を好む植物である。この森が、アカガシの群落としては北限とされている。一方、ブナは落葉樹であり寒地に生きる樹である。二つの森が同居するのはめずらしく、その意味でも山門水源の森は貴重なのである。

尾根に沿って森のなかを歩いていくと、やがて最初に出合った案内板のある三叉路に着く。これで、湿原を一周してきたことになる。ここから登ってきた道を下ることになる。

参考タイム

駐車場 —(20分)— 三叉路 —(15分)— 東屋 —(30分)— ブナの森 —(20分)— アカガシの森 —(20分)— 三叉路 —(15分)— 駐車場

アプローチ　山門水原の森入口へ

北陸自動車道木之本ICから車で20分。JR北陸本線近江塩津駅からバス深坂線上沓掛下車、徒歩15分。

問い合わせ先

西浅井町観光協会 ☎0749-89-1121

深坂古道 ［西浅井町］

紫式部が歩いたいにしえの峠道

ふかさかこどう
370m

トレッキング適期
1月 2月 3月 4月 5月 6月 7月 8月 9月 10月 11月 12月

深坂《ふかさか》古道は、西浅井町塩津《しおつ》と敦賀を結んだ塩津海道《かいどう》の一つである。塩津という名は、畿内に塩を運んだ湊《みなと》であったことから名づけられたのだろう。古来、日本海や大陸から都に運ぶ物資は、敦賀から峠を越えて塩津に集められた。北琵琶湖随一の湊だったのだ。

塩津海道には二つのルートがあった。距離は短いが急坂の峠を越える深坂古道と、国境の山を迂回する勾配のゆるやかな新道野越えである。新道野越えは、現在の国道8号が通っているルートである。

塩津から国道8号を敦賀へ向かうと、県境の手前に沓掛《くつかけ》という集落があり、ここを過ぎると国道は右手へ迂回しながらゆるやかな坂を登っていく。坂の途中にバス停があり、深坂地蔵への道を示す道標が立っている。**深坂古道**は、ここから始まる。

国道を左へ折れると数件の家があり、いちばん奥の民家の横に車が数台置ける駐車場がある。歩きはじめると、すぐに雪解け水を集める流れと出合い、道端に「塩津海道」と刻まれた石の道標が立っている。やがて、樹齢を重ねたスギ林のなかに入っていく。沢筋に沿って、うっそうとした樹林が広がっている。

小川に沿ってゆるやかな山道を登っていくと、小さなお堂が見えてくる。**深坂地蔵**の祠である。子どもの願いを叶えてくれるお地蔵様として親しまれ、休日には幾組もの参拝者に出会う。

平安末期、平清盛は琵琶湖と日本海を結ぶ舟運を企て、長男の重盛に深坂峠の開削を命じる。しかし工事は硬い石に阻まれ、中止に追い込まれる。そのときに祀られたのが、深坂地蔵なのだという。このお地蔵様には、そんな言い伝えがある。掘止め地蔵とも呼ばれるゆえんである。

⬆国道を折れると石の道標が立っている

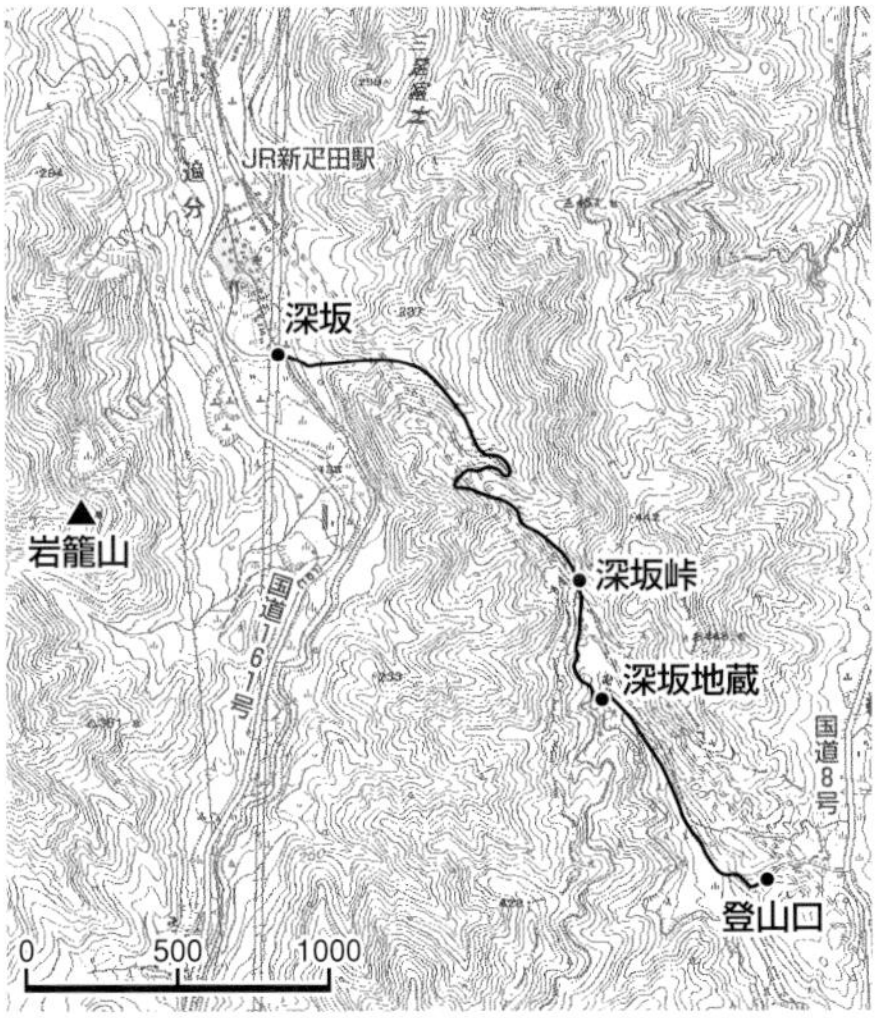

参考タイム

登山口 ——25分—— 深坂地蔵 ——10分—— 深坂峠 ——25分—— 深坂

アプローチ 登山口へ

北陸自動車道敦賀ICから車で10分。JR北陸本線近江塩津駅からバス深坂線で新道野下車、徒歩5分。

問い合わせ先

西浅井町観光協会 ☎0749-89-1121

深坂地蔵から峠まではわずかの距離だ。沢筋に沿って中部北陸自然歩道の道標が案内してくれるが、祠の左手に林道を登る道がある。林道を歩くと、10分ほどで**峠**に出る。

峠を越えると、古道と呼ぶにふさわしい山道が疋田《ひきだ》の集落まで続いている。新緑におおわれた山道に沿って、美しい渓流が流れる。先人が幾度となく、琵琶湖と日本海を結ぶ運河を夢見たことが納得できる。それほど豊かな水がほとばしっている。

深坂古道は、1000年あまり前に紫式部が通った道でもある。父藤原為時が越前国守に命じられとき、父とともにこの峠を越えて国府のあった武生《たけふ》に向かったという。峠から疋田へ下る古道には、そんな歴史を紹介する説明版が立っている。

目の前に、どっしりとした岩《いわ》籠山《ごもりやま》の山塊が現れると、まもなく敦賀市深坂の家並みが眼下に見えてくる。**深坂**に着き集落の道を北へ歩くと、**新疋田駅**はすぐである。来た道を引き返すのがおっくうなら、JRで近江塩津駅まで戻る手もある。

行市山 ［余呉町］

賤ヶ岳の戦いで勝家軍が陣取った山

ぎょういちやま
６５９・７m

トレッキング適期
1月
2月
3月
4月
5月
6月
7月
8月
9月
10月
11月
12月

平成17年のNHK大河ドラマ「功名が辻」の主人公は、北近江にゆかりの深い山内一豊と妻千代だった。二人は、信長が尾張で頭角をあらわし始めるころから、家康が天下を手中に収めるまで、およそ60年間をともに生き抜いた。一豊が長浜から掛川へ転封になるのは天正18年（１５９０）だから、物語の半ば以上が北近江を舞台に繰り広げられたことになる。

一豊と千代が生きた時代、北近江は幾度も大きな戦いの場になったが、戦いの重要な拠点になったのが山である。合戦の際、山は砦《とりで》になり陣になった。碁に例えれば、石を置くところが山だったわけである。余呉《よご》湖の北にある**行市山**《ぎょういちやま》も、そんな重要な陣地の一つだった。

秀吉と柴田勝家が戦った賤ヶ《しずが》岳《たけ》の合戦のとき、行市山に陣取ったのは勝家の甥、佐久間盛政である。彼は秀吉が木之本を留守にしている間に機先を制しようと、勝家の反対を押し切って軍を進める。賤ヶ岳へと続く尾根を南へたどり、余呉湖畔へ下って、一気に大岩山《おおいわやま》に陣した中川清秀を攻める。それが戦いの火ぶたを切ることになったのだが、結果はご存知のとおり秀吉の勝利に終わる。

最近、敦賀山岳会によって勝家の本陣が置かれた柳ヶ瀬山《やながせやま》から行市山までのあいだに、新しい尾根道が開かれた。直線距離でおよそ３㎞。２時間ほどの行程だろうか。いつか歩いてみたいと思うが、今回紹介するのはもっとも手軽に行市山に登れるコースである。

余呉町役場のある中之郷《なかのごう》から国道３６５号を北へ進むと、左手に賤ヶ岳から行市山、柳ヶ瀬山へと続く山々が連なっている。その主峰が行市山で、どっしりとした山容を見せている。行市山が真横に見えるあたりに、小谷《おおたに》という**バス停**がある。バス停を過ぎたところに、国道を左へ折れる林道があり、余呉川を渡って山のなかへ入っていく。眼下に国道や北陸自動車道が見える高さまで上がってくると、林道は二股に分かれている。二股を右手にとると、すぐに小さな沢が現れる。ここが最短コースの行市山**登山口**である。

沢を左に渡り、植林地のなかにジグザグに付いた山道を登っていく。やがて美しい落葉広葉樹が広がる林に変わり、平坦な**尾根**に到着する。盛政の陣が置かれたところには**行市山山頂**と記された看板が立っていて、東から南へかけての展望がすばらしい。余呉湖や木之本の町が一望だ。遠くには小谷山《おだにやま》や伊吹山《いぶきやま》が望め、右手には琵琶湖が広がっている。越前から近江へ出てきた勝家軍にとって、行市山は木之本に陣を張る秀吉軍を見下ろす絶好の場所だったのである。

帰りは、尾根に沿って柳ヶ瀬山方面に歩いていこう。しばらく行くと、右手に下りる道があり、そこを下ると登ってきた**林道**に出ることができる。

⬆山頂から木之本方面を望む

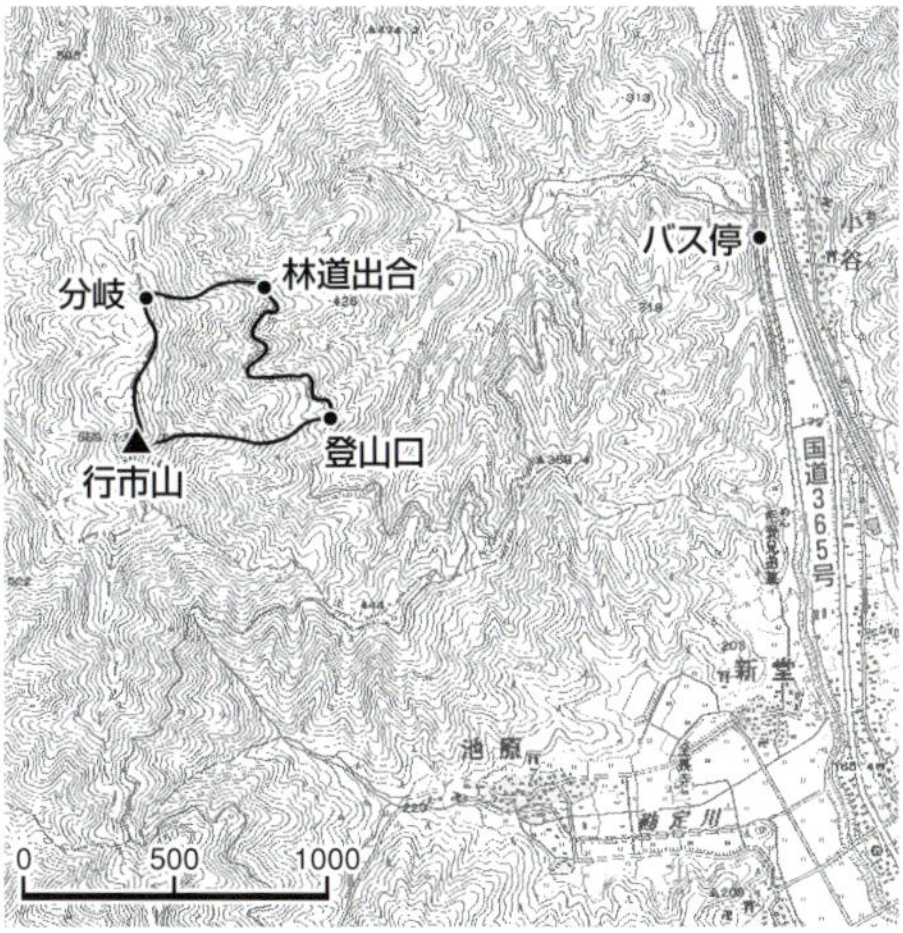

参考タイム

登山口 ―45分― 尾根 ―5分― 行市山 ―15分― 尾根道分岐 ―20分― 林道出合 ―10分― 登山口

アプローチ 登山口へ

北陸自動車道木之本ICから車で20分。JR北陸本線木ノ本駅からバス柳ヶ瀬線小谷下車、徒歩30分。

問い合わせ先

余呉町観光協会 ☎0749-86-3085

柳ヶ瀬山［余呉町］

北国街道を見おろす湖北最奥の山城

やながせやま
439m

トレッキング適期

1月
2月
3月
4月
5月
6月
7月
8月
9月
10月
11月
12月

柳ヶ瀬山《やながせやま》は、賤ヶ岳《しずがたけ》の合戦のとき柴田勝家が本陣を置いた山である。本能寺で信長が倒れた後、秀吉と勝家は清洲会議で近江における勢力範囲を決めるが、その合意も長くは続かなかった。

翌年の春、雪解けを待って、勝家は越前北の庄から近江に入り、柳ヶ瀬山に築いた玄蕃尾《げんばお》城に本陣を置く。一方、秀吉は木之本に本陣を設け、両者は余呉《よご》湖の北で1ヶ月以上もにらみ合いを続けることになる。

柳ヶ瀬山の麓には、北国《ほっこく》街道が狭い廊下のように南北に貫いている。木之本から余呉を経て越前北の庄へ続く道である。そして、もう1本、柳ヶ瀬で北国街道と分かれ、敦賀へ出る峠道がある。刀根《とね》越えと呼ばれ、柳ヶ瀬山の山頂近くを横切るように抜けている。

柳ヶ瀬の集落は、そのような交通の要所にあったことから、古くから宿場が置かれ、関所が設けられた。北国街道に沿った柳ヶ瀬の家並みを歩くと、中ほどに**関所跡**の石柱が立つ大きな長屋門が残っている。

家並みが途切れる北の端に、北国街道と刀根越えの分岐を示す大きな石の**道標**がある。「右えちぜん　左つるが」と印されており、柳ヶ瀬山へは左の道を取る。

刀根越えの道はすぐに森のなかに入り、道は再び二股に分かれる。そこを右手に取ると、ゆるやかな登りが始まる。道はよく踏まれていて歩きやすい。しかも中腹から上は明るい落葉樹林が広がっており、秋が深まると見事な紅葉が楽しめる。

落ち葉を踏みしめて歩いていくと、ときおり白く光るものが見つかる。碍子《がいし》の破片だ。周囲を見渡すと、木の電柱が所々に立っている。刀根越えの道は、戦後しばらくまで敦賀湾から北近江へ電気を送る道でもあったのだ。

やがて道はゆるやかになり、明るい峠に着く。峠には、**倉坂峠**と印された道標が立ち、小さな祠がある。往来が盛んだったころは、ここが絶好の休憩地点だったのだろう。南の行市山《ぎょういちやま》方面の見晴らしがすばらしい。

柳ヶ瀬山へは、刀根越えの道と分かれて、右手に付けられた急な木の階段を登っていく。急登の道を越えると、やがて城跡の入口らしき平坦地が現れる。枡形《ますがた》と呼ばれる虎口《こぐち》の曲輪《くるわ》である。

城は南北３００ｍ、東西１５０ｍもある広大な平坦地に、自然の地形を利用して築かれている。曲輪や土塁などが敦賀市の教育委員会によって復元されており、城跡をめぐると、戦国時代の城がどういうものであったのかをよく知ることができる。

本丸からは、東と南に連なる山々が見渡せ、眼下には柳ヶ瀬の集落と北国街道が手に取るように見える。刀根越えの道に近いし、北国街道も望める。勝家の本陣として、最適の立地にあったことがわかる。

⬆北国街道と刀根越えの分岐にある道標

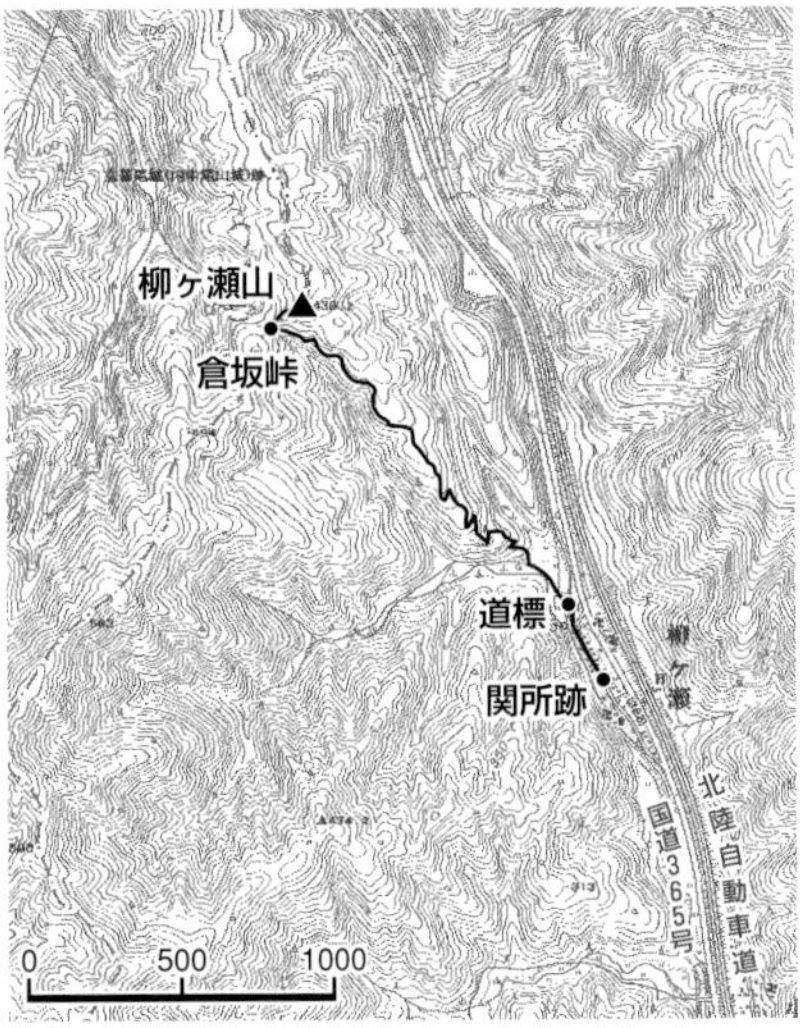

参考タイム

柳ヶ瀬関所跡 —5分— 分岐の道標 —40分— 倉坂峠 —20分— 柳ヶ瀬山

アプローチ　柳ヶ瀬関所跡へ

北陸自動車道木之本ICから車で15分。JR北陸本線余呉駅からバス柳ヶ線柳ヶ瀬下車、徒歩５分。

問い合わせ先

余呉町観光協会 ☎0749-86-3085

Daikoku yama 全域地図——C1

大黒山

［余呉町］

広大なブナの森が広がる奥深い山

だいこくやま
891・5m

トレッキング適期

月
1月
2月
3月
4月
5月
6月
7月
8月
9月
10月
11月
12月

⬆古老のような風格のブナの巨木

大黒山《だいこくやま》とは福がありそうな名だが、由来はわからない。大黒天は、食物と財福をもたらす七福神の一人だ。雪深い山から流れ出る豊かな水によって豊穣の源として崇められ、大黒という名が冠せられたのだろうか。

余呉《よご》町役場のある中之郷《なかのごう》から、国道365号を北へ走る。柳ヶ瀬《やながせ》の村まで、まっすぐな道路が続いている。ここには、昭和39年まで柳ヶ瀬線の鉄道が走っていた。道路は、鉄路の跡である。

柳ヶ瀬を過ぎると、道は山のなかに入っていく。かなりの急勾配になり、数百mの標高差を一気に登ってしまう。坂が終わったところが**椿坂《つばきざか》峠**である。振り返ると、木之本や余呉の町が一望できる。

峠には「かりかけ地蔵」という名の小さなお地蔵様が祀ってあり、100mほど先に関西電力の巡視路の入口がある。大黒山への登りも、そこから始まる。

いきなり道は急登になるが、トレース※はしっかりしている。5分も登ると、天を圧するようなブナの巨木が現れる。直径1m以上はあるだろう。幹は樹齢を重ねて、古老のような風格を見せている。長い冬の寒さに耐え、

※トレース：踏み跡

⬆葉を落とした広大なブナ林

⬆椿坂峠にある「かりかけ地蔵」

佇立する姿は威厳さえ感じる。

ある年の晩秋、このブナに出会ったときは、すでに葉を落とした後だった。新緑のブナを見たくて、翌年の春、再びブナに会いに行った。残念なことに、太い枝の一部が折れていた。雪の重みに耐え切れなかったようだ。でも、見上げると、うねるように広がる枝に、輝く緑の葉を繁らせている。このブナに会えるだけで、大黒山へ登る値打ちがある。大黒山という名は、ブナの木の恵みから来ているのかもしれない。

ブナの巨木を過ぎた後も、しばらく急登が続く。雨水でV字型に削られた岩肌に、幾重もの落ち葉が堆積している。ふわふわとした感触が心地よい。やがて道はなだらかになり、広大なブナの森が静かに広がっている。おそらく人間の歴史が始まるはるか以前から、この森で萌芽更新を繰り返してきたのだろう。

ブナは、無数の葉で雨水を漏斗のように受ける。そして、枝から枝へと水を導き、なめらかな灰褐色の幹を伝って地面に水をしみこませる。ブナの森には、豊かな水が貯えられるのだ。

二等三角点がある**大黒山**の山頂は、残念ながらあまり視界が利かない。天気のよい日は琵琶湖と敦賀湾が見えるというが、木々が葉を落とした季節にしか望めない。その代わり、山頂から30分ほど東へ歩くと、859mのピークがあり、ここから南の眺望が楽しめる。送電線の**鉄塔**が立っており、そばに小さなヘリポートがある。南を望むと、妙理山や横山岳などが一望だ。遠く琵琶湖も望むことができる。

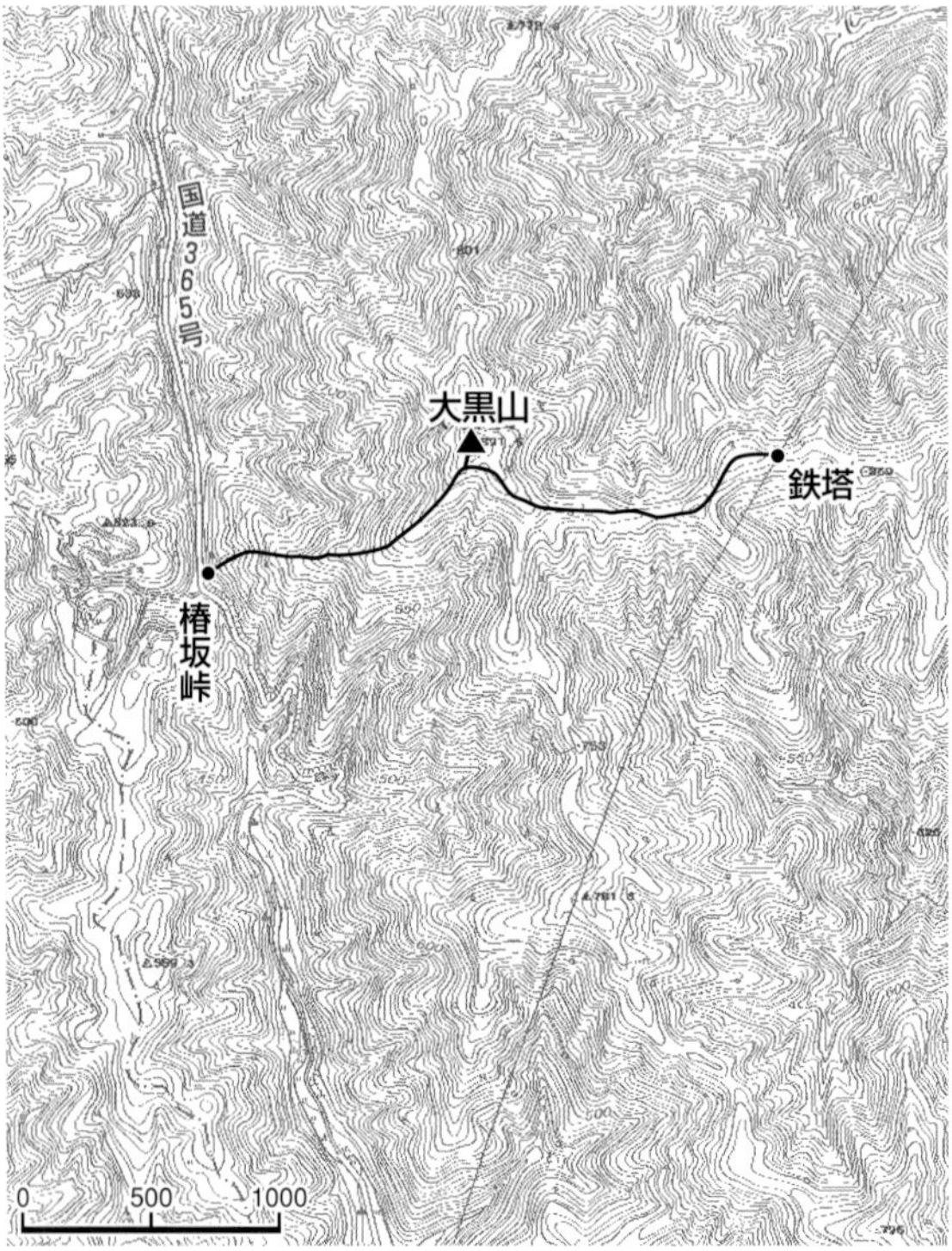

参考タイム

椿坂峠 ——60分—— 大黒山 ——30分—— 鉄塔 ——70分—— 椿坂峠

アプローチ 椿坂峠へ

北陸自動車道木之本ICから車で20分。
JR北陸本線余呉駅からバス柳ヶ瀬線椿坂下車、徒歩30分。

周辺のおすすめスポット

【ザゼンソウ群生地】余呉町中河内にある。3月中旬から4月中旬にかけて杉林のなかにザゼンソウが群生する。近くに比叡山の守護神大山咋大神を祀る広峯神社がある。

問い合わせ先 余呉町観光協会 ☎0749-86-3085

七々頭ヶ岳［余呉町］

山頂に観音堂と清水のある信仰の山

ななずがたけ
693m

トレッキング適期

1月
2月
3月
4月
5月
6月
7月
8月
9月
10月
11月
12月

余呉《よご》町上丹生《かみにゅう》から北を望むと、秀麗な山容の山が家並みの向こうに見える。七々頭ヶ岳《ななずがたけ》は、700mほどの里山でありながら、上丹生の小盆地のなかで四囲を圧するように屹立している。

上丹生の集落の北に、旧丹生小学校がある。戦後すぐに、村人たちが浄財を出し合って建てたという木造校舎は、学校の統廃合によって現役を引退したが、鉄筋の校舎にはない風格を持った建物だ。旧小学校を通り過ぎて、高時川を渡る橋の手前で左におれて、七々頭ヶ嶽観音道と刻まれた石柱が立つ道を高時川に沿って進むと、1kmほどでもう一度高時川に架かる橋に出合う。ここが七々頭ヶ岳の**登山口**である。

最初は高時川に沿って林道を進むが、すぐに急登の道に変わる。みるみるうちに高度をかせいでいき、ふりかえると下に高時川の流れが見える。急登の道を登ること30分、見晴らしの利

⬆ブナの巨木に出会うと山頂は近い

伊香郡

⬆高時川の橋のたもとに立つ石柱

く尾根に出る。その眺めを楽しみながら、なだらかな**展望尾根**を歩くと、再び道は急登になる。

一息入れたいなと思うところで、ヤマザクラが咲く場所に出る。新緑におおわれた斜面に沿って、淡い紅の花を付けたヤマザクラが点々と麓の里まで続いている。しばしヤマザクラに見とれていると、のどかな牛の鳴き声が聞こえてくる。麓に見える家並みは、摺墨《するすみ》の集落だ。言い伝えによれば、摺墨の里は、平安時代に鎮守の神様のお告げにより墨が作られはじめ、天皇家御用達の墨とされたことから、その名がついたのだという。

ミツバツツジの鮮やかな紫やヤマブキソウの黄色い花が山道を彩る。足もとには、薄紅色の可憐な花が咲いている。イカリソウである。形が碇に似ていて、日本海側に咲く花は白色に近いものが多いという。

幹回りが3mほどもあろうかというブナの**巨木**に出会うと、頂上はもうすぐだ。

山頂には、西林寺《さいりんじ》と七々頭ヶ岳観音のお堂があり、その前が広場になっている。西林寺は、伊香三十三観音の第29番札所であり、堂内には聖観音が祀られている。

毎年、春と秋、上丹生では子どもを授かった村人が、赤ん坊を背負って観音様にお詣りし、ぼた餅を納める「なるこ詣り」と呼ばれる行事がある。山頂か

⬆上丹生から七々頭ヶ岳を望む。手前は茶わん祭の館

ら登ってきた道と反対側へ100mほど下りると、瑠璃《るり》池と呼ばれる清水の湧くところがある。この水を飲むと、女性の肌が美しくなるという伝説があり、村人たちはその水を求めて年に一度は登るのだという。古来、七々頭ヶ岳は麓の人たちと深く結びついてきた山なのだ。

6月には、山道にササユリが咲く。暑さを忘れるような、清楚な花である。

⬆山道に咲くイカリソウ

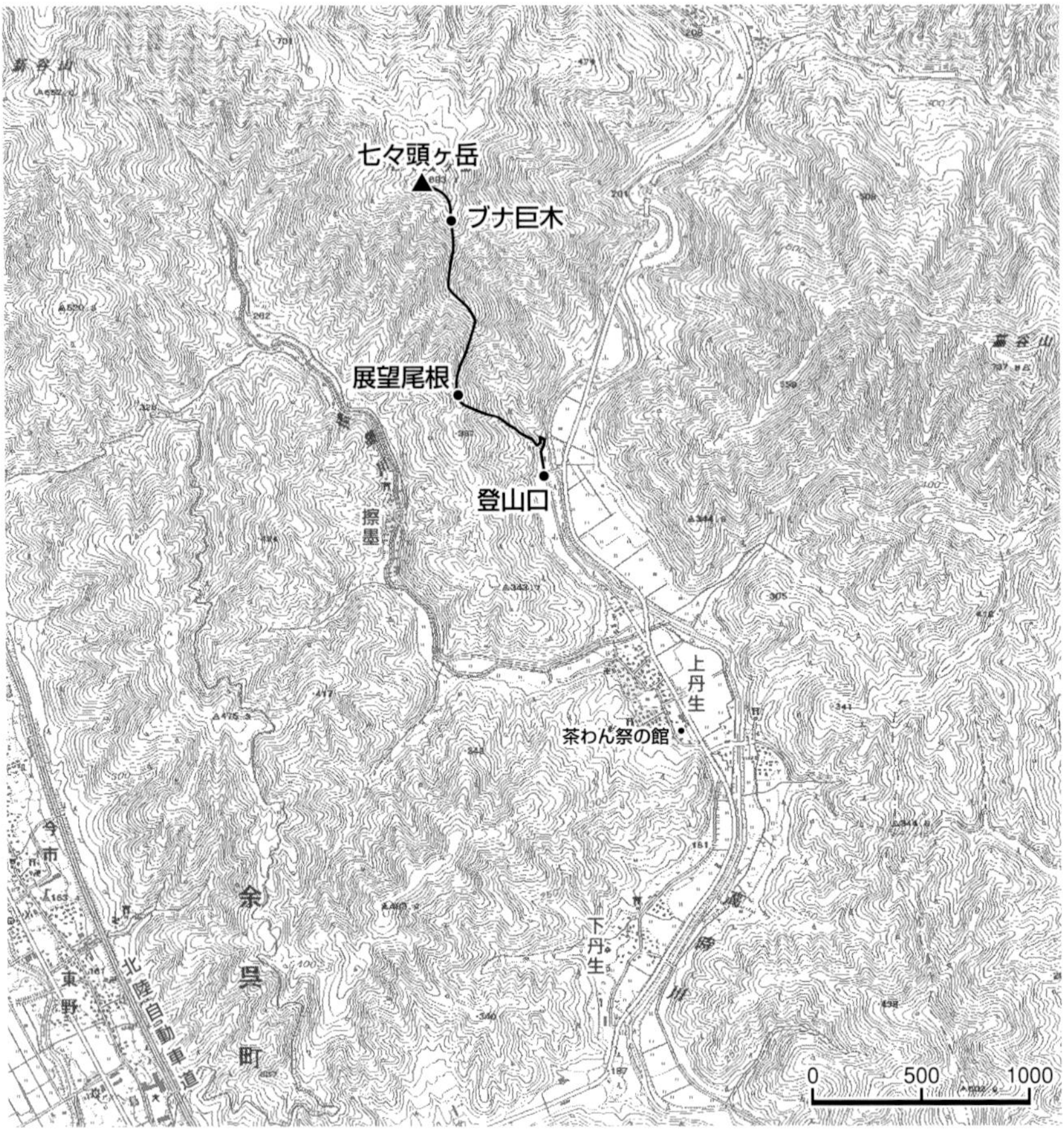

参考タイム

登山口 ―30分― 展望尾根 ―50分― ブナの巨木 ―10分― 七々頭ヶ岳

アプローチ 登山口へ

北陸自動車道木之本ICから車で15分。JR北陸本線余呉駅からバス丹生線で上丹生下車、徒歩10分。

周辺のおすすめスポット

【茶わん祭の館】 七々頭ヶ岳山麓の丹生神社で行われる茶わん祭をテーマにした資料館。茶わん祭は、数千を超える陶器をつなぎ合わせた山車飾りが町を練る奇祭。（☎0749-86-8022）

【ウッディパル余呉】 キャンプ場、コテージ、テニスコートなどがあるアウトドアゾーン。冬はスキー場もある。レストランや案内所も併設されている。（☎0749-86-4145）

問い合わせ先 **余呉町観光協会 ☎0749-86-3085**

横山岳

琵琶湖の北から南が一望できる山

［木之本町］

よこやまだけ
1132m

トレッキング適期

1月
2月
3月
4月
5月
6月
7月
8月
9月
10月
11月
12月

⬆杉野の集落には街のにおいがする

11月、湖北の山は錦秋の彩りにつつまれる。紅と黄の絵模様が、およそ1ヶ月をかけて、1000mの山上から里まで下りてくる。

紅葉を楽しむには、落葉広葉樹が多く残る山にかぎるが、とりわけ横山岳《よこやまだけ》はすばらしい。11月初旬から中旬にかけて、この山に登ったら、山を彩る紅葉の美しさに目を見はることだろう。

横山岳は、奥美濃の山々に連なっている。北近江の最奥にある山の一つであるが、近年、木之本町から八草《はっそう》峠を越えて岐阜県揖斐川《いびがわ》町の旧坂内村へ抜ける国道が整備され、麓にある杉野の町が近くなった。

町の入口で、道は二股に分かれる。右は、杉野の町を迂回するように北上する国道。左は、集落のなかを抜ける旧道である。左手の旧道をすすむと、町並みにどこか街のにおいが感じられる。昭和29年、木之本町が合併するまで、ここには旧杉野村の役場があった。土倉鉱山が最盛のころ、そこで働く人たちは数百人を数えたという。当時、町には映画館や食堂もあった。

横山岳の**登山口**は、旧道を左に折れて網谷林道を2km ほど行ったところにある。ログハウスを

伊香郡

⬆全山紅葉の鮮やかさ

⬆双耳峰の山容をした横山岳

模した小さな登山者カード入れが立っているので、よくわかる。

双耳峰《そうじほう》のどっしりとした山容を仰ぎながら、川に沿って登っていくと、30分ほどで**経《きょう》ヶ滝**に着く。落差は20m近くあるだろう。大岩にほとばしる流れが心地よい。さらに20分ほど登ると、紅葉の木々のあいだを、5段になって流れ落ちる滝が見えてくる。**五銚子《ごちょうし》の滝**である。

遠く推古天皇の時代に創建されたという横山神社は、室町時代に杉野の集落に移されるまで、この滝のほとりにあったといわれる。二つの滝の名は、このあたりが山岳信仰の拠点であったことを伝えている。

滝から見上げる山肌は、全山紅葉の鮮やかさにつつまれる。ここからは、ザイル※や梯子《はしご》が点在する登りが何ヶ所かあるが、

※ザイル：登山用の綱

⬆山頂から琵琶湖と余呉湖を望む

危険なところはない。30年以上も、この山を守ってきた杉野山の会の人たちが、地道に登山道を整備してきたおかげである。

滝の左側を巻くように登り、谷と別れると、尾根までは急登が続く。美しいブナ林のなかを登りきると、クマザサにおおわれた**山頂**に到着する。

山頂からの眺めは格別だ。とくに南西の見晴らしがすばらしい。折り重なる山々にかこまれた余呉《よご》湖があり、その向こうに琵琶湖が広がる。天気のよい日には、はるか彼方に琵琶湖大橋も望める。琵琶湖の北から南が一望できる山は、横山岳をおいてほかにない。

下りは、横山岳から南へ続く尾根をたどる。墓谷山との**鞍部**で左に折れ、急坂を下りていくと、**網谷林道**に出ることができる。

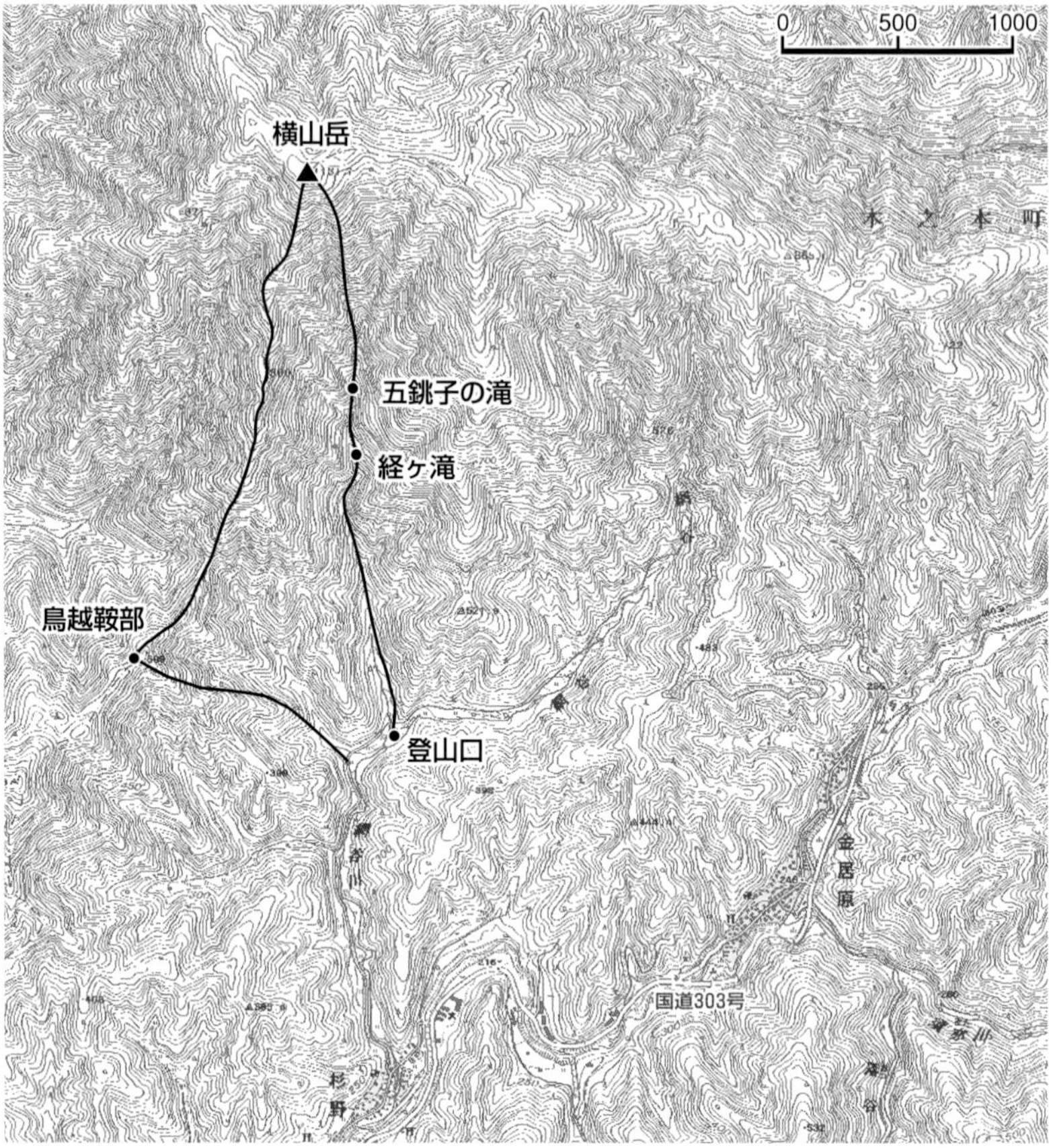

参考タイム

登山口 ——30分—— 経ヶ滝 ——20分—— 五銚子の滝 ——90分—— 横山岳 ——50分—— 鳥越鞍部 ——35分—— 登山口

アプローチ 登山口へ

北陸自動車道木之本ICから車で20分。JR北陸本線木ノ本駅からバス金居原線で杉野農協前下車、徒歩30分。

周辺のおすすめスポット

【長治庵】杉野の集落にあるひなびた料理旅館。萱葺きの伊香型古民家がなつかしい。山菜料理や地酒が楽しめる。（☎0749-84-0015）

【大見いこいの広場】木之本町川合と余呉町上丹生を結ぶ大見渓谷にあるアウトドアゾーン。キャンプ場があり、ヴィラで宿泊が可能。（☎0749-82-2500）

問い合わせ先 木之本町観光協会 ☎0749-82-5909

菅山寺〔余呉町〕

ブナ林と菅公ゆかりの古刹に出合う

かんざんじ
459m

トレッキング適期

1月
2月
3月
4月
5月
6月
7月
8月
9月
10月
11月
12月

木之本の町から余呉《よご》湖方面に向かうと、右手に山が迫ってくる。北近江と越前を結ぶ北国《ほっこく》街道は、この山の麓を北上しており、街道に沿って木之本、坂口、下余呉、中之郷《なかのごう》といった町がひらけている。

古刹**菅山寺**《かんざんじ》と近江天満宮は、この山の尾根上にある。麓の坂口の北国街道沿いに朱塗りの大鳥居が建っており、これが参道の入口である。

里坊である**弘善館**を過ぎると山道になり、針葉樹のなかを登っていく。途中まで展望は利かないが、道ばたに幾体もの小さなお地蔵さんがおられ、疲れをいやしてくれる。

登るうちに、まわりが徐々に明るい森になってくる。樹相が針葉樹から広葉樹に変わるからである。5月ともなれば、その変化はいっそう鮮やかだ。新緑の葉が、陽の光を透かして輝い

↑本堂へと続く苔むした石段

↑新緑を映す朱雀池

⬆菅原道真のお手植えというケヤキの大木

ている。ブナの林である。麓から1時間足らずで、尾根上に広がるブナの林に着く。木々のあいだからは、琵琶湖や余呉湖が一望である。

　北近江では、ブナの木は標高500m以上の高地に自生する。このあたりの標高は、350mほど。ここに広いブナ林があるのは、菅山寺と深いつながりがあるように思われる。

　菅山寺は、天平年間の開基という古刹である。菅原道真が幼いころ当寺で学び、再興したと伝えられ、往時は3院49坊からなる大寺院であった。多くの僧が滞在するには、水が欠かせない。ブナの木は、落葉樹のなかでも特に保水力にすぐれている。当時、その水を確保するために、ブナが植えられたのではないだろうか。

　尾根を越えて反対側へ下りていくと、キラキラと陽光に輝く池が見えてくる。池は、ブナ林に抱かれるように、新緑を映して静まっている。菅山寺と天満宮の堂宇は、池のそばに点在するように建っていて、すり鉢のような地形になっていることがわかる。年中、水を湛える朱雀《すざく》池が、ここで修業する僧たちの命をつないだのだろう。

　5月ころ、朱雀池のほとりにある草木を見ると、白い綿のようなものが一面に付いているのを見つけることができる。モリアオガエルの卵である。綿状の巣のなかから生まれたオタマジャクシが、池に落ちる様子がおもしろい。

山門の前に立つ2本の巨木は、道真公お手植えのケヤキといわれ、幹回り6m以上もある。1000年以上を、この森のなかで生きてきた歴史の重さに圧倒される。

実は、菅山寺へ行くには別の方法がある。赤子山《あこやま》スキー場の横から林道を車で登ると、終点からほんの15分ほどで寺に着く。ただし、この場合はブナ林やモリアオガエル、ケヤキの巨木との感動的な出会いは体験できないかもしれない。

参考タイム

弘善館 ―45分― 呉枯ノ峰分岐 ―10分― 菅山寺

アプローチ 弘善館へ

北陸自動車道木之本ICから車で10分。JR北陸本線余呉駅から、徒歩30分。

周辺のおすすめスポット

【余呉小劇場弥吉】坂口の集落にある築250年の古民家を再生したギャラリー。絵画展、コンサート、一人芝居などが行われる。建物も一見の価値がある。(☎0749-86-3249)

【菊水飴本舗】余呉の名水でつくった昔ながらの水飴を製造販売。坂口の北国街道沿いにどっしりとした風格のあるお店がある。(☎0749-86-2028)

問い合わせ先 余呉町観光協会 ☎0749-86-3085

⬆山頂の南から伊吹山や小谷山を望む

Tagami yama, Kureko no mine　全域地図——C3

田上山・呉枯ノ峰

［木之本町］

木之本の町を見下ろす戦国の山城

たがみやま・くれこのみね
532m

トレッキング適期
1月
2月
3月
4月
5月
6月
7月
8月
9月
10月
11月
12月

　JR木ノ本駅を下りて、東へ延びるメインストリートに立つと、坂道の先に**浄信寺**《じょうしんじ》が望める。木之本地蔵院の名で知られる時宗の大寺である。本堂の右手に、大きな地蔵様の銅像が迎えてくれる。

　背後は山である。奥美濃や越前から累々と延びる尾根の一つが、北近江の野と出合うところに、呉枯《くれこ》ノ峰という500mあまりの山塊がある。木之本の町は、その南西にひらけている。北国《ほっこく》街道沿いには、造り酒屋、醤油屋、酢屋といった老舗のお店が軒を並べている。背後にある峰々が、豊かな水をもたらしてくれるからだろう。

　浄信寺から山手へ進むと、**意《お》冨《ほ》布《ふ》良《ら》神社**の太鼓橋と大きな鳥居に出合う。白鳳時代の創建という式内社である。神社には、木曽義仲が北国から京都へ進軍する途中、戦勝祈願をしたという伝承があり、義仲が兜を掛けたという兜掛石がある。

　本殿の右手に、田上山《たがみやま》登山口の道標が立っている。広い林道が北へ延びているが、林道はすぐに行き止まりになり、右手の山腹に田上山へ登る山道が付いている。何体もの石仏様に出会いながら、少し急なジグザグの

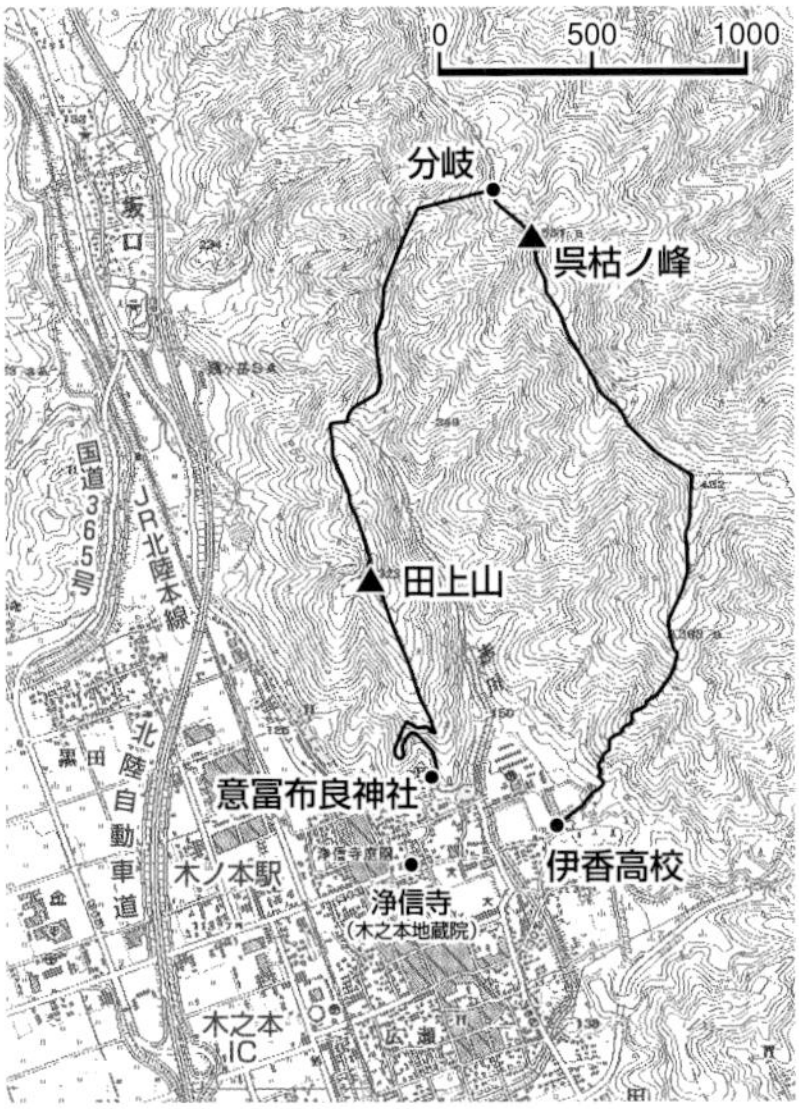

山道を登っていくと、わずか数分で立派な**忠魂碑**が立つ広場に着く。木之本の町が一望できる高台になる。

　ここからは、明るい尾根道を北へ登っていく。間伐されて手入れの行き届いたスギ林のなかに、木の階段が続いている。やがてアカマツの林に変わると、曲輪《くるわ》の跡と見られる平坦地が現れ、**田上山**に到着する。

　秀吉と柴田勝家が戦った賤《しず》ヶ《が》岳《たけ》合戦のとき、この山城に陣を置いたのは秀吉の弟秀長である。北に合戦の最前線である北国街道を見下ろし、南に秀吉の本陣があった木之本の町を望むことができる。秀吉軍の実質的な本陣としての性格を持った山城だった。

　城跡から、さらに北へ広い尾根を行くと、10分ほどで北国街道や行市山《ぎょういちやま》が見渡せる展望台のようなところに出る。ここから道は東へ向かい、呉枯ノ峰がある尾根への登りになる。

　しばらくは静かな雑木林の道が続くが、やがて北の菅山寺《かんざんじ》から呉枯ノ峰へ繋がる尾根道と合流する。このあたりは、深い樹林に被われている。

　分岐から南へ進むと、すぐに**呉枯ノ峰**に着くが、残念ながら山頂は見晴らしが利かない。むしろ山頂を越えて下っていく尾根道のほうが、すばらしい見晴らしが得られる。右手には、新緑の木々を通して琵琶湖が望めるし、南の伊吹山《いぶきやま》や小谷山《おだにやま》が一望できるビューポイントもある。

　急な山道を下っていくと、伊香高校野球部の掛け声がだんだん大きくなってくる。山道が終わり森を抜けると、目の前に**伊香高校**のグラウンドが現れる。

参考タイム

意冨布良神社 ―10分― 忠魂碑 ―20分― 田上山 ―30分― 菅山寺との分岐 ―10分― 呉枯ノ峰 ―40分― 伊香高校

アプローチ　意冨布良神社へ

北陸自動車道木之本ICから車で5分。JR北陸本線木ノ本駅から徒歩10分。

問い合わせ先

木之本町観光協会 ☎0749-82-5909

己高山〔木之本町〕

山上に中世仏教文化圏の中心寺院跡

こだかみやま
923m

トレッキング適期
1月
2月
3月
4月
5月
6月
7月
8月
9月
10月
11月
12月

⬆山道を彩る紅葉

古来、山は神が宿るところであった。北近江の野を取り巻く山々は、祖霊が還っていく場として、そして豊穣をもたらす水の源として崇められてきた。なかでも、木之本町古橋《ふるはし》の東にそびえる己高山《こだかみやま》には、多くの山岳信仰の歴史が刻まれている。近江を代表する霊山の一つである。

15世紀はじめの『己高山縁起』によると、己高山はいにしえの世から修験の場であったが、奈良時代に行基《ぎょうき》菩薩が仏像を刻んで堂を建て、のちに白山《はくさん》の開祖泰澄《たいちょう》が寺院を創建したという。山中には、己高山五箇寺という宗教圏があったともいう。麓の法華寺や飯福寺《はんぷくじ》、石道寺《しゃくどうじ》は、いまも堂宇や寺跡が残り、紅葉の名所として訪れる人が多い。山頂直下の高所にも、広大な寺域を有したという鶏足寺《けいそくじ》跡がある。

古橋の集落のなかほどに、土地の氏神を祀る與志漏《よしろ》神社がある。鳥居の右手の細い道を入っていくと、己高閣《ここうかく》と世代閣《よしろかく》というお堂がある。廃寺になった鶏足寺などの仏像を収蔵する建物で、土地の人たちによって守り伝えられてきた観音様などを拝観することができる。さらに奥へ進むと、宿泊や日帰り入浴な

⬆牛止めの岩あたりから琵琶湖を望む

⬆鶏足寺跡にはたくさんの礎石が並んでいる

⬆中腹にある六地蔵。鶏足寺隆盛期のもの

どができる町営施設の**己《こ》高庵《こうあん》**がある。車は、ここの駐車場に停めておこう。

林道を歩きはじめてすぐに、法華寺跡方面との分岐がある。そこを左に取り、杉林のなかを川に沿って1㎞ほど進む。途中、何度か二股に出合うが、地元の高時小学校がつくったという案内板が立っており、迷うことはない。毎年春に、高時小学校の児童たちも登っているのだ。

林道と分かれて稜線に取りつくと、やがてブナやミズナラの林が広がる。左に送電線の鉄塔を見ながら登っていくと、六地蔵と呼ばれる平地に出る。その真ん中あたりに、7体の小さな石仏が並んでいる。阿弥陀如来坐像を中央にして、左右に3体ずつの地蔵菩薩が佇んでおられる。

六地蔵から少し登ると、大き

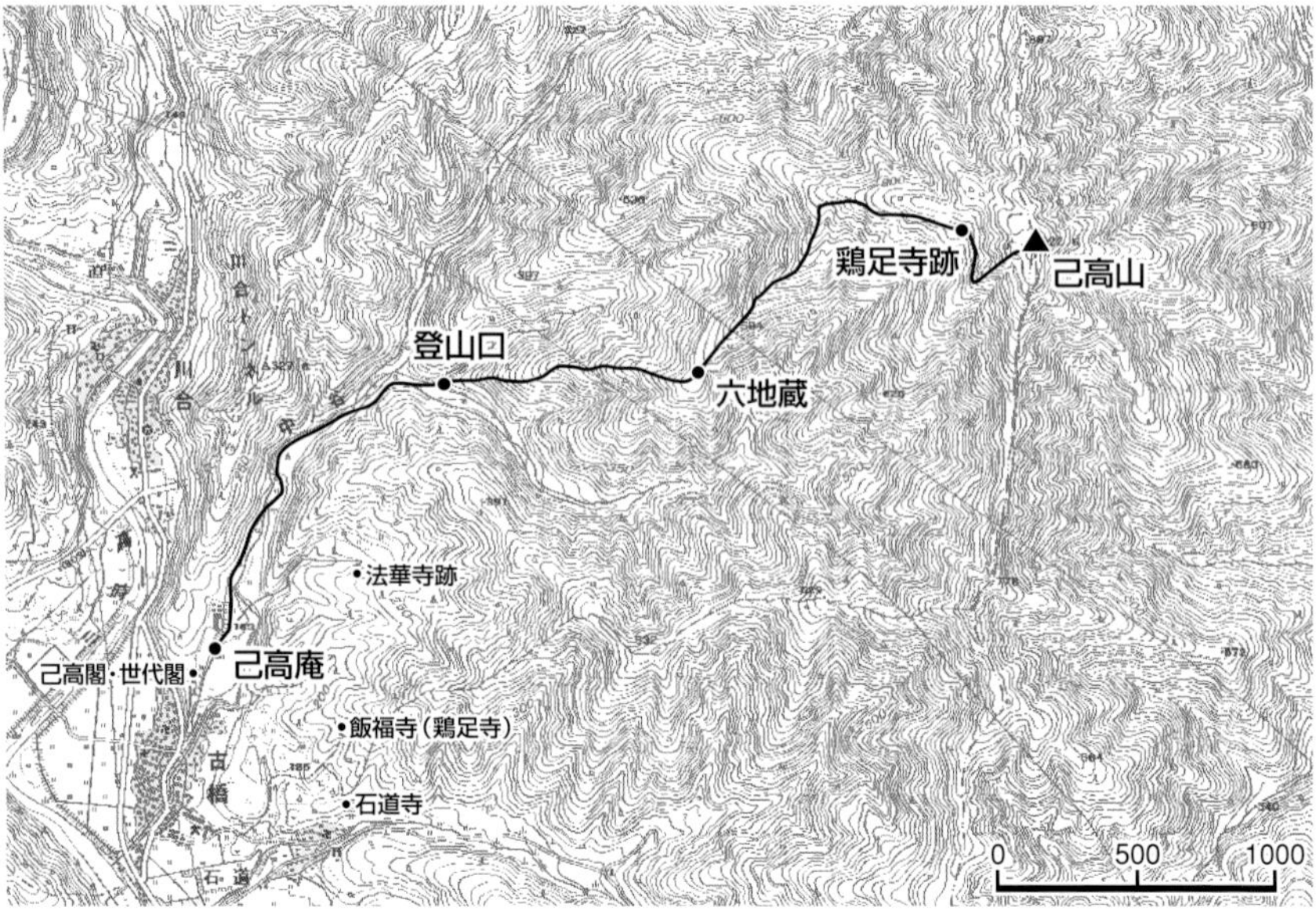

参考タイム

己高庵 ―20分― 林道登山口 ―40分― 六地蔵 ―50分― 鶏足寺跡 ―20分― 己高山

アプローチ 己高庵へ

北陸自動車道木之本ICから車で15分。JR北陸本線木ノ本駅からバス金居原線で古橋下車、徒歩５分。

周辺のおすすめスポット

【己高閣・世代閣】 己高山にあった鶏足寺などに残されていた諸像を安置する収蔵庫。重要文化財の薬師如来像、十一面観音像などが拝観できる。（☎0749-82-2784）

【己高庵】 薬草風呂、露天風呂がある。己高閣・世代閣のすぐそばにあり、湖北の味を味わえるレストランもある。（☎0749-82-6020）

問い合わせ先 木之本町観光協会 ☎0749-82-5909

な岩がある場所に出る。牛止めの岩と呼ばれ、鶏足寺に荷物を運ぶ牛がこれ以上は進めないため、岩に牛をつないだのだという。このあたりからの琵琶湖の眺望はすばらしい。

やがて、苔むした石垣が点々と残る平地に着く。**鶏足寺跡**である。発掘によって整地された場所には、たくさんの礎石が規則的に並んでいる。標高８００ｍもの高所に、多くの堂宇が建っていたことを物語っている。

山頂は、鶏足寺跡からすぐだ。急登の道を登りきると、しめ縄が張られた大きな岩がある。残念ながら、周囲に高木が茂っているため、山頂の眺望は利かない。下りは、琵琶湖の眺望を楽しみながら、同じ道を戻ろう。己高庵の薬草風呂も、下山後の楽しみの一つだ。

⬆中腹から唐川の集落と山本山を望む

伊香郡

Yurugi yama　全域地図――C3

湧出山

〔高月町〕

弥生時代に見張り台が置かれた山

ゆるぎやま
200・6m

トレッキング適期
1月
2月
3月
4月
5月
6月
7月
8月
9月
10月
11月
12月

高月町と木之本町、余呉《よご》町の伊香郡一帯は、観音の里といわれるほど村々に観音様がおられる。京都や奈良のように、立派なお寺があるわけではない。多くが村のはずれにある小さなお堂につつましく安置され、村人たちによって連綿と守り伝えられてきた。そんな観音様がほとんどである。

戦国時代、北近江はいくたびも戦乱の舞台となった。戦いのたびに寺が焼かれた。観音様がそういった苦難の歴史をくぐりぬけてきたのは、ひとえに村人たちの信仰心の篤さゆえである。多くの観音様は、村人によって土に埋められ、あるいは川に沈められて焼き討ちを逃れたのだという。

高月町唐川《からかわ》の**赤後寺《しゃくごじ》**にある千手観音立像と聖観音立像にも、同じような伝承がある。奈良時代、ここに千手観音像を刻んでお寺を建てたのは行基《ぎょうき》だという。その後、最澄が己高山《こだかみやま》で修業した際に聖観音像を安置した。ところが、承久《じょうきゅう》の乱のころ寺は兵火に遭い、その後も信長の浅井《あざい》氏攻めや賤ケ岳《しずがたけ》の戦いなどが続いたが、戦火のたびに、村人たちは2体の仏像を土に埋めて守ったという。

唐川の集落は、湧出山《ゆるぎやま》の南麓

にある。どっしりとした家々が並ぶ通りを抜けると、山腹から町を見下ろすように赤後寺のお堂が建っている。お堂へ上がる急な石段の左手に「湧出山いこいの森」と書かれた看板があり、ここが湧出山への登り口である。

湧出山は、東西に細長く延びる小丘陵で、長浜方面から望むと、ゆるやかな山容を見せているが、南面は急である。山頂までつづら折りの山道が続くが、しっかりとしたハイキング道が整備されている。眼下に唐川の家並みが一望できるようになると、やがて突然のように平坦な場所に出る。幅の狭い平坦地が左右に延びていて、東西がいくぶん小高くなっている。

　高月町あたり一帯は古墳の宝庫であり、湧出山にもいくつもの古墳が集中している。最近、町の教育委員会がこれらの古墳を発掘していたところ、偶然に古墳の下に弥生時代の集落跡が見つかったという。弥生時代、このような山のうえに、なぜ住居が築かれたのだろう。

山頂からは南に北近江の野が一望でき、北には越前へ通じる余呉谷が望める。しかも山頂までは、わずかな距離だ。古墳の宝庫であるように、このあたり一帯には古代の有力な豪族が勢力を誇っていた。湧出山は、古墳時代以前から北の勢力に対する見張り場だったのだろう。山頂の平坦な地形は、古代の高地性集落のしるしだったのである。

　帰りは東のピークを越えて、南東の方角へ下りていこう。小谷《おだに》山《やま》や伊吹山《いぶきやま》など、北近江の山々を望みながら下っていくと、**赤後寺**の境内に出ることができる。

参考タイム

赤後寺 ―30分― 尾根 ―5分― 東の山頂 ―20分― 赤後寺

アプローチ **赤後寺へ**

北陸自動車道木之本ICから車で10分。JR北陸本線高月駅からバス高月町北回り線唐川下車、徒歩5分。

問い合わせ先

高月町観光協会 ☎0749-85-6405

賤ヶ岳

静かな余呉湖と奥琵琶湖を独り占め

［木之本町・余呉町］

Shizu ga take 全域地図――C3

しずがたけ
421・9m

トレッキング適期

1月
2月
3月
4月
5月
6月
7月
8月
9月
10月
11月
12月

⬆山頂から眼下に余呉湖を望む

賤ヶ岳《しずがたけ》は、よく知られた山の一つである。多くの人が一度はその頂に立ったことのある山だ。木之本町大音《おおと》の麓からリフトが通じており、終点の尾根から山頂までは、ほんの10分ほどである。

この山がもっとも魅力のある顔を見せるのは冬。雪の季節である。3月末までリフトは動いていないから、自分の足で登ることになる。そのぶん、味わう感動も大きい。凛とした空気のなかで、静かな余呉《よご》湖と奥琵琶湖に出合うことができる。

余呉湖は、ぐるりと三方を山に囲まれており、その尾根を南へたどれば賤ヶ岳にたどり着ける。なかでも歩きやすいのは、湖の東に連なる尾根である。

余呉湖の北にある**ビジターセンター**から、湖を時計回りに進むと、ワカサギ釣りの桟橋を過ぎたあたりに、左手の斜面を登る**遊歩道**がついている。急登の道を登りきり、**尾根**に出たら一息入れよう。あとは、ゆるやかな山道になり、広葉樹や杉林のなかを歩く。

10分ほど歩くと、左手に古墳のように盛り上がった場所がある。**大岩山**《おおいわやま》といい、戦国の武将

⬆刻々と表情を変える奥琵琶湖

中川清秀の墓碑が建てられている。賤ヶ岳の戦の火ぶたが切って落とされた所である。

　織田信長が本能寺で倒れた翌春、羽柴秀吉と柴田勝家は賤ヶ岳の北で対峙した。雪解けを待って近江に入った勝家軍と、北近江を領する秀吉軍がにらみ合った。勝家の甥佐久間盛政が、大岩山の中川清秀を急襲すると、大垣にいた秀吉は一夜のうちに木之本まで引き返してくる。北《ほっ》国脇往還《こくわきおうかん》50kmの道のりを、わずか5時間で駆け抜けたという。

⬆琵琶湖八景のひとつ「新雪：賤ヶ岳の大観」

　大岩山から尾根を南に歩くと、途中、秀吉が盛政を撃つため登ったという茶臼山《ちゃうすやま》や、秀吉が余呉湖畔を見下ろして指揮を取ったという猿が馬場を経て、南に北近江の野を見晴らせる場所に出る。ここから西へ向かい、最後の急坂を登りきると**賤ヶ岳**に到着する。

　北には、落葉した木々を通して余呉湖が水を湛えている。西には、移りゆく陽の光に刻々と表情を変える奥琵琶湖が広がる。その背景には、雪を頂く山々が連なっている。そして、聞こえるのは梢を揺らす風の音だけ。

　じっくりと冬の賤ヶ岳を楽しんだら、余呉湖畔に通じる道を下りよう。急な木の階段を下りていくと、10分ほどで奥琵琶湖の飯《はんの》浦《うら》港と余呉湖を結ぶ峠に出る。

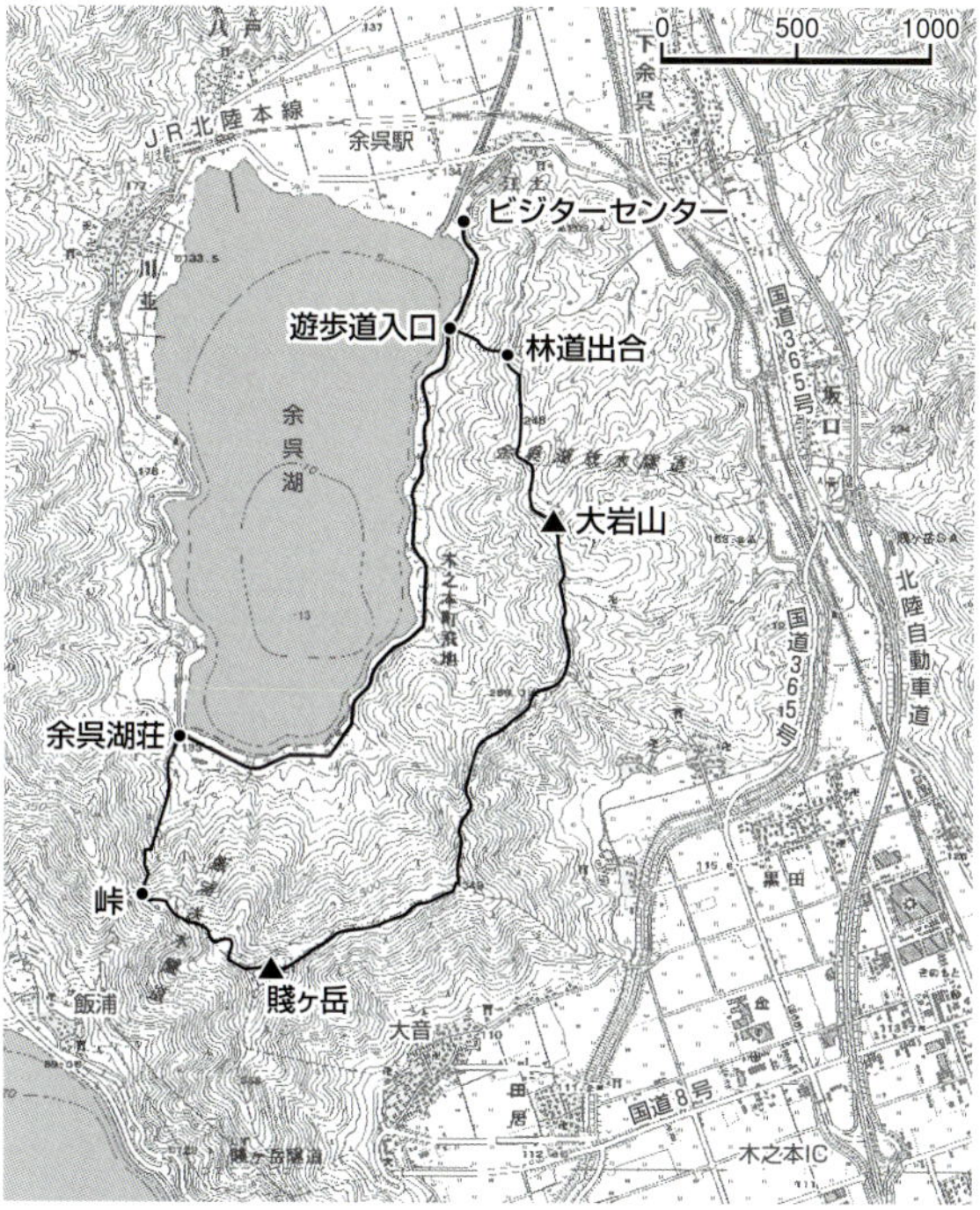

⬆山頂にある武将の像

馬の鞍のような場所である。ここから20分ほどで余呉湖畔に下りられるが、このあたりは七本槍の物語が生まれた激戦地である。

冬の賤ヶ岳を歩く楽しみは、もう一つある。温かいお風呂である。湖畔の**余呉湖荘**には、石効のある風呂がある。ガラスを隔てて、湯けむりの向こうは余呉湖。昼間の入浴客は少なく、雪の余呉湖の眺めを独り占めできる。帰り道は、夕日に輝く余呉湖畔に沿って**ビジターセンター**へ戻ろう。

参考タイム

ビジターセンター ―10分― 遊歩道入口 ―15分― 尾根林道出合 ―10分― 大岩山 ―40分― 賤ヶ岳 ―30分― 余呉湖荘 ―30分― ビジターセンター

アプローチ **余呉湖ビジターセンターへ**

北陸自動車道木之本ICから車で10分。JR北陸本線余呉駅から徒歩10分。

周辺のおすすめスポット

【余呉湖荘】余呉湖の南岸にある国民宿舎。日帰り入浴のできる石効のある風呂があり、レストランも併設されている。(☎0749-86-2480)

問い合わせ先 **木之本町観光協会 ☎0749-82-5909**
余呉町観光協会 ☎0749-86-3085

西野山周辺 ［高月町］

奥琵琶湖に沿って連なる古墳の宝庫

にしのやましゅうへん
300m

トレッキング適期
1月
2月
3月
4月
5月
6月
7月
8月
9月
10月
11月
12月

木之本町から湖北町にかけての湖岸には、賤ヶ岳《しずがたけ》から山本山《やまもとやま》まで、細長く帯のような山塊が連なっている。この丘陵上には、130を超える古墳群が眠っているという。古保利《こぼり》古墳群である。約3㎞にわたって連なる古墳群は、全国的にも屈指の密集度だ。

古墳は、古代の豪族や有力者の墓であるが、同時に彼らの権勢を誇示する巨大なシンボルでもあった。現在は、緑に覆われた山にしか見えないが、古墳が築かれた当時は、ピラミッドのように石で積み上げられた幾何学的な造形だったのだろう。

琵琶湖を砂漠と仮定してみよう。すると、古保利古墳群は、ピラミッドのような威圧感をもって、湖上を行き来する古代人の目に映っただろう。大陸と大和を結ぶルートにある琵琶湖を制する権勢のシンボル、それが古保利古墳群であったに違いない。

木之本町から高月町へと湖岸道路を南へ向かうと、古墳群の丘陵を貫く片山トンネルの手前の山裾に公園がある。西野水道のある、**ほりぬき公園**である。天保年間、西野充満寺《じゅうまんじ》の住職恵荘《えしょう》上人と村人たちは、余呉《よご》川の氾濫によってたびたび起きる洪水を防ぐために、丘陵を掘り抜いて余呉川の水を琵琶湖へ通した。これが西野水道である。6年の歳月をかけた難事業だったという。

公園の駐車場に車を停めて、山裾を北へ歩いていこう。1㎞ほど先に、山のなかに斜めに延びる林道がある。そこを登っていくと、わずか10分足らずで尾根に出て、琵琶湖が一気に広がる。丘陵のなかで、いちばん低いところだ。

尾根には、賤ヶ岳から山本山へと続く環琵琶湖自然歩道が付

⬆奥琵琶湖に設けられた魞。背後は葛籠尾崎

いている。まずは、ここから北へ向かうと、４００ｍほど先に**西野山古墳**がある。古墳群のなかで、最も大きな規模の前方後円墳だ。自然歩道は古墳の横を通っており、うっかりすると通り過ぎてしまう。古墳の上に立つと、方形と円形や、その間の窪みなどで、それとわかる。

来た道を戻り尾根を南へ向かうと、ゆるやかなアップダウンが続くが、尾根上のピークはことごとく古墳である。右手には、静寂のなかに輝く琵琶湖がすばらしい。竹生島が右手前方に見えたり、後方に見えたりする。

西野山古墳から南へ1時間近く歩くと、**山越えの峠道**と出合う。この峠道は、湖岸にある高月町片山の子どもたちが古保利小学校へ行くために通った通学路だったという。昭和37年、片山トンネルができるまで使われたというから、そんなに遠い昔の話ではない。

ここから南へも尾根上に古墳が連なっているが、山本山まで麓へ下りる道はない。通学路だった道を琵琶湖と反対側へ下りよう。麓にある高月町**熊野**の集落のはずれに出る。ここから山裾の道を北へ歩いて、**ほりぬき公園**へ戻る。

参考タイム

ほりぬき公園 ——30分—— 西野山古墳 ——50分——
片山山越えの道 ——15分—— 熊野 ——15分—— ほりぬき公園

アプローチ　ほりぬき公園へ

北陸自動車道木之本ICから車で10分。JR北陸本線高月駅からバス高月町南回り線で熊野下車、徒歩10分。

問い合わせ先

高月町観光協会 ☎0749-85-6405

Yamamoto yama　全域地図——C3

山本山 ［湖北町］

夕日に染まる琵琶湖が広がる神の山

やまもとやま
325m

トレッキング適期
1月
2月
3月
4月
5月
6月
7月
8月
9月
10月
11月
12月

⬆夕日が金襴の帯のように湖面を染める

山本山《やまもとやま》は美しい山である。300mあまりの低山ながら、北近江でこれほど印象的な山は少ない。野にたたずめば、その秀麗な姿から山本山とわかる。とりわけ、米原市あたりの湖岸から、琵琶湖の向こうに望む姿は、湖北富士と呼びたくなるほどである。

　米原方面から湖岸道路に沿って、北に車を走らせる。湖北みずどりステーションあたりで右手に折れると、山本山がどっしりとした山容で近づいてくる。

　麓にある湖北町山本の町は、大きな集落だ。立ち並ぶ瓦屋根のなかに、塔風のしゃれた建物が頭をのぞかせている。その塔をめざして、町のなかの広くはない道を進むと、自然に登山口にたどり着くことができる。

　塔風の建物は、朝日小学校の校舎である。そばには、広い境内を持った**朝日山《あさひやま》神社**がある。ここの児童にとって、山本山と神社は校庭の一部のようなものだ。毎日、鎮守の森と里山のなかで存分に遊ぶことができる。

　鳥居のわきにある石段を登っていくと、**常楽寺《じょうらくじ》**のお堂がある。さらに石段を上がると、**忠魂碑**の立つ見晴らし台に着く。家並みの向こうに広々とした琵

⬆湖北冨士と呼びたくなる秀麗な山容

⬆眼下に尾上の町と野田沼が見える

琵湖が見渡せる。

　見晴らし台までは10分ほど。ここからは、やや急な山道をつづら折りに登っていく。途中、落葉樹や照葉樹の幹に、木の名前を記した札が目に付く。朝日小学校の児童たちが、先生の指導で付けたものだろうか。見晴らし台から20分ほど歩くと、樹齢を重ねた松の疎林が現れ、その先がいっそう明るく見える。広々とした**山頂**に到着である。

　琵琶湖に面した西側は、180度さえぎるものがない。眼下には、小波《さざなみ》が浜縮緬《はまちりめん》のシボのように陽光にきらめいている。小さな漁船が、小波を分けて沖を進むと、その波紋が長く尾を引いて、流れる絹のような造形をつくる。空には、数羽のトビが悠然と旋回している。

　やがて、西に傾いた陽が赤みを増すころ、竹生島《ちくぶしま》がくっきりと墨色のスカイラインを湖面に際だたせる。夕日が湖の彼方から、金襴の帯を渡したように湖を染める。神々しい風景に接すると、この山に天孫降臨の伝説が生まれたことも納得できるのである。

　山頂一帯には、かつて尾根を利用した山城があった。室町時代の後期、浅井《あざい》氏の本拠小谷《おだに》城の支城として築かれたといわれている。山頂付近には、本丸、

⬆奥琵琶湖にトビが悠然と旋回する

二の丸やこれを囲む土塁、堀切などの跡が残っている。

平安時代には、源《みなもとの》頼義《よりよし》の流れをくむ源義定《よしさだ》という武将が山本氏を名乗り、山本城をその本拠にしたという。麓の朝日山神社は明治初期に白山宮と八幡宮が合祀されたものだが、八幡宮は、山本義定が石清水八幡宮から勧請したという伝えがある。

さて、太陽が沈むのを見届けたら、すぐに山を下り始めよう。低山とはいえ、暗くなった山道を歩くのはつらい。

参考タイム

朝日山神社 —（5分）— 常楽寺 —（5分）— 忠魂碑 —（30分）— 山本山

アプローチ 朝日山神社へ

北陸自動車道長浜ICから車で20分。JR北陸本線河毛駅からバス湖北町びわこ線で山本山登山口下車、徒歩５分。

周辺のおすすめスポット

【湖北野鳥センター】 琵琶湖の水鳥が観察できる野鳥センターと、マルチビジョンなどで水鳥の学習ができる水鳥・湿地センターがある。マガモやオオヒシクイ、コハクチョウなどが飛来する秋から春までが見ごろ。（☎0749-79-1289）

【湖北みずどりステーション】 湖岸道路にある道の駅。水鳥弁当・うなぎのじゅんじゅん定食・ビワマスの造りなどが味わえるレストラン、湖魚の特産品などの売店がある。（☎0749-79-8060）

問い合わせ先 湖北町観光協会 ☎0749-78-8305

小谷山［湖北町］

浅井三代が築いた日本五大山城の一つ

おだにやま
495m

トレッキング適期
1月
2月
3月
4月
5月
6月
7月
8月
9月
10月
11月
12月

小谷山《おだにやま》の紅葉は見事である。山全体が黄色や紅色の木々に覆い尽くされ、城跡を歩くと、紅葉の巨大なドームのなかに包まれているようだ。

なぜ、小谷山にそれほど紅葉する木々が多いのか。全山が中世山城の遺跡であるからだ。たしかに麓にはスギの植林があるものの、城跡が残る中腹から上には針葉樹が少ない。コナラやクヌギ、カエデといった、手つかずの落葉広葉樹林が広がっている。これらの木々が、11月になると一斉に色づくのだ。

小谷城は、浅井《あざい》亮政《すけまさ》、久政、長政という3代の戦国武将が、50年あまりの歳月をかけて築いた山城である。南北に延びる尾根伝いに曲輪《くるわ》が階段状に連なり、山頂の大嶽《おおづく》には初期の砦《とりで》跡がある。西に開けた清水谷には、浅井氏の居館や寺院、重臣の屋敷などが並んでいたという。六《ろっ》角《かく》氏の観音寺城と並び、近江で最大規模の山城だったのである。

麓を北国脇往還《ほっこくわきおうかん》が貫いている。西から仰ぎ見る小谷山は秀麗である。往時、脇往還を通る人々は、壮大な山城に、京極《きょうごく》氏から北近江の覇権を勝ち取った浅井氏の力の大きさを実感したに違いない。

城跡への道は、脇往還沿いにある湖北町伊部《いべ》の集落から始まっている。集落の北に「小谷城趾

⬆麓の伊部の集落に立つ道標

登山本道」と刻まれた大きな石柱が立っている。ここから小谷山に向かい、国道３６５号を越えると、麓に観光案内所や駐車場がある。ここから山道を登ることができるが、城跡の近くまで車道が整備されている。

終点の駐車場から大手道であった山道に入ると、すぐに城跡の遺跡に出合う。まずは御茶屋跡の曲輪。本丸へと縦一列に連なる曲輪の、いちばん南に位置する城の入口である。御馬屋跡を経ると、首据石《くびすえいし》というドキッとする名前の大きな岩がある。亮政の時代、謀反を起こした家臣の首を見せしめに晒《さら》した岩だという。

次に、桜馬場と呼ばれる曲輪が現れるが、このあたりから東を望むと、七尾山《ななおやま》の後方に伊吹《いぶき》

⬆曲輪跡から伊吹山や七尾山を望む

⬆鮮やかな紅葉に包まれた山王丸

⬆苔むした本丸跡の石垣

山《やま》が屹立している。すばらしい眺めだ。やがて、最も広い平坦地である大広間を経て、天守があった**本丸跡**が現れる。その北にも中丸、京極丸、小丸、山王丸と、次々に曲輪が現れ、土塁や石垣を越えていくと、**六坊跡**という鞍部に着く。久政が6ヶ寺に命じて出坊を建てさせたところだという。

ここから**大嶽**までは、本格的な山道らしくなる。階段状に整備された山道を登っていくと、40分ほどで山頂に到着する。中世まで山岳寺院群があったといわれる山頂部はかなり広いが、西側の斜面は切れ落ちている。断崖状になった西側からは、湖北の野が一望である。キラキラと輝く琵琶湖の風景に、時を忘れてしまいそうだ。

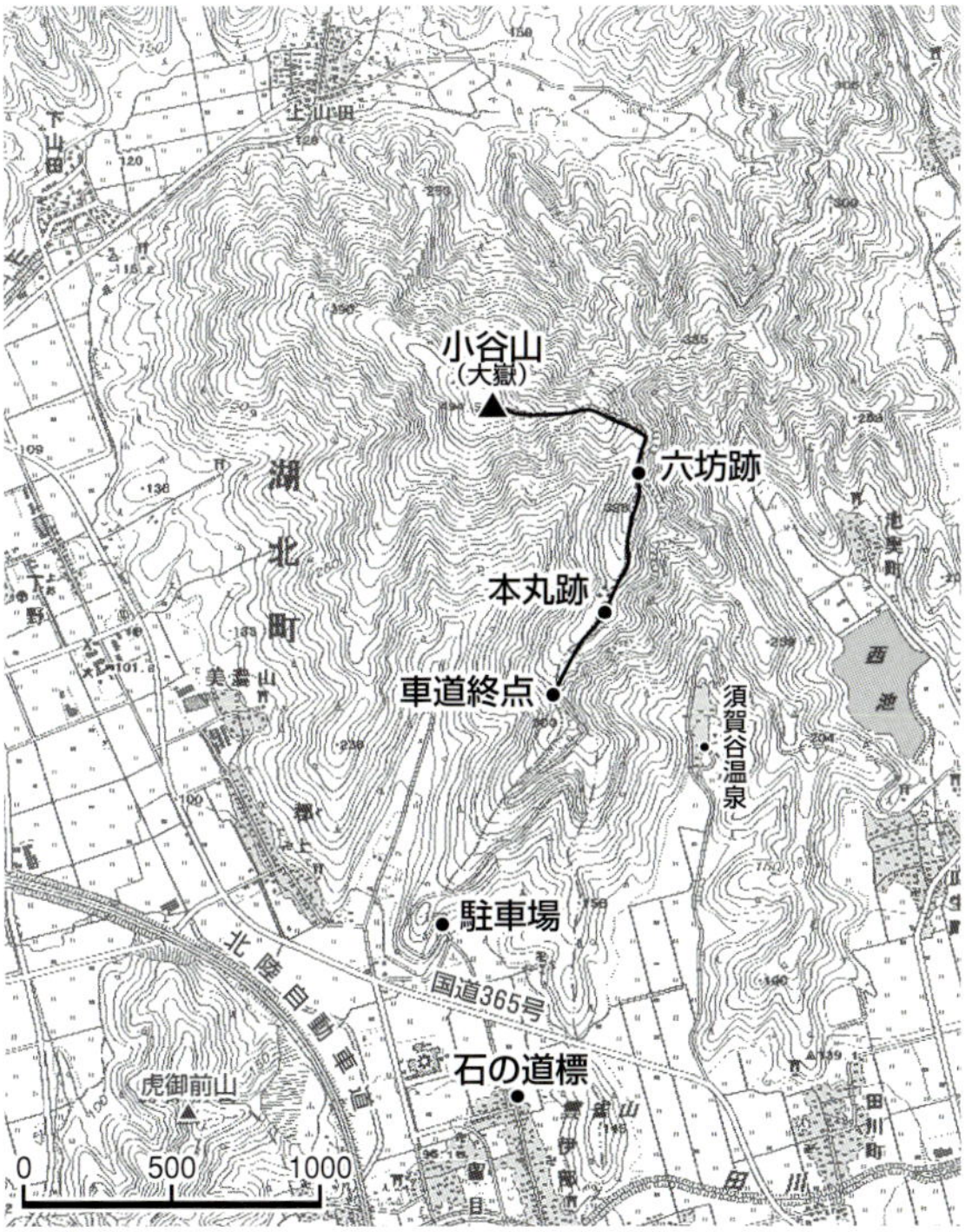

参考タイム

車道終点 ―― 15分 ―― 本丸跡 ―― 20分 ―― 六坊跡 ―― 40分 ―― 大嶽

アプローチ　車道終点へ

北陸自動車道長浜ICから車で20分。JR北陸本線河毛駅からバス小谷山線で小谷城跡下車、徒歩30分。

周辺のおすすめスポット

【近江孤篷庵】茶人であり造園家でもあった小堀遠州ゆかりの寺。県指定の名勝である庭園があり、紅葉のころが美しい。（☎0749-74-2116）

【須賀谷温泉】小谷山の麓にある温泉で、日帰り入浴もできる。貧血や冷え性に効果があるという。琵琶湖の湖魚や近江牛、鴨鍋などの郷土料理が味わえる。（☎0749-74-2235）

問い合わせ先　湖北町観光協会 ☎0749-78-8305
長浜観光協会 ☎0749-62-4111

虎御前山

［虎姫町］

信長が浅井氏を攻めた最前線基地

とらごぜんやま
225・5m

トレッキング適期
1月
2月
3月
4月
5月
6月
7月
8月
9月
10月
11月
12月

虎御前《とらごぜん》は、虎姫町の名のもとになった名前である。昔、中野の村に世々開《せせらぎ》という長者が住んでいた。彼は、山麓の泉のほとりに住んでいた虎御前という美しい姫と結ばれる。やがて姫に子どもが生まれるが、その体は蛇の姿だった。泉に隠れた姫は、水に映った自分の姿を見て嘆き、淵に身を投げたのだという。

世々開長者と虎御前の伝承は、ほかにもいくつかあるが、水と深く関わるものが多い。虎御前山の南には田川が流れ、西には高時《たかとき》川が流れている。村人たちが、洪水や干ばつに苦しめられてきた歴史を物語っている。

虎御前山は、大きな戦の場としても2度日本の歴史に登場する。1度目は、南北朝の内乱のとき。足利尊氏と弟の直義《ただよし》が戦った八相山《はっそうやま》の合戦である。2度目は戦国時代、織田信長が小谷《おだに》城の浅井《あざい》氏を攻めたときだ。

元亀元年（1570）、信長は3万の大軍を率いて越前の朝倉氏を攻めるが、突如浅井氏が敦賀にいた信長に対して兵をあげる。挟み撃ちにあった信長は、湖西の道を京都へ逃れ、いったん岐阜に戻る。そして、2ヶ月後再び近江に進軍し、姉川を挟んで浅井軍と対峙する。そして、姉川の戦いで勝利を収めた後、小谷山を見上げる虎御前山に陣を張った。

両山の距離は、直線で3㎞あまり。目と鼻の先である。しかし、小谷城は堅固だった。浅井氏が滅ぶのは、それから3年後のことである。その間、信長は虎御前山に砦《とりで》を築き、秀吉を城番《じょうばん》として配する。

虎姫駅がある町のメインストリートを北へ進むと、中野の町へ入る。田川に架かる馬橋を渡って、町を巻くように右手を行くと、虎御前山の南の麓に着く。ゆるやかな石段を登ると、**矢合《やわい》神**

社が現れる。中野の鎮守であるが、本殿は長浜の曳山《ひきやま》を造った藤岡重兵衛によって建造されたものである。神社の北には古墳の跡があり、その上に**キャンプ場**の建物がある。このあたりも信長軍の陣跡があったところと見られるが、キャンプ場の造成により土塁などは残っていない。ただし、このあたりから東の見晴らしはすばらしい。残雪を頂く湖北の峰々が連なり、伊吹山《いぶきやま》の姿がひときわ雄々しく見える。

　さらに奥へ進むとＮＴＴの**鉄塔**があり、その北一帯には多くの陣地跡が残っている。滝川一益、堀秀政、織田信長、そして木下秀吉の陣跡とされる曲輪《くるわ》が、次々に現れる。最も高い位置にある陣跡は、５ヶ所の曲輪からなり、まわりを高い土塁で防御されていることから、**信長の陣跡**と考えられている。

　その北にある**秀吉の陣跡**は、最も堅固で城郭としての完成度も高いという。浅井氏攻略の前線基地として機能したのだろう。『功名が辻』の主人公山内一豊も、この砦から小谷城を睨んでいたのだろう。

↑小谷山中腹から虎御前山を望む

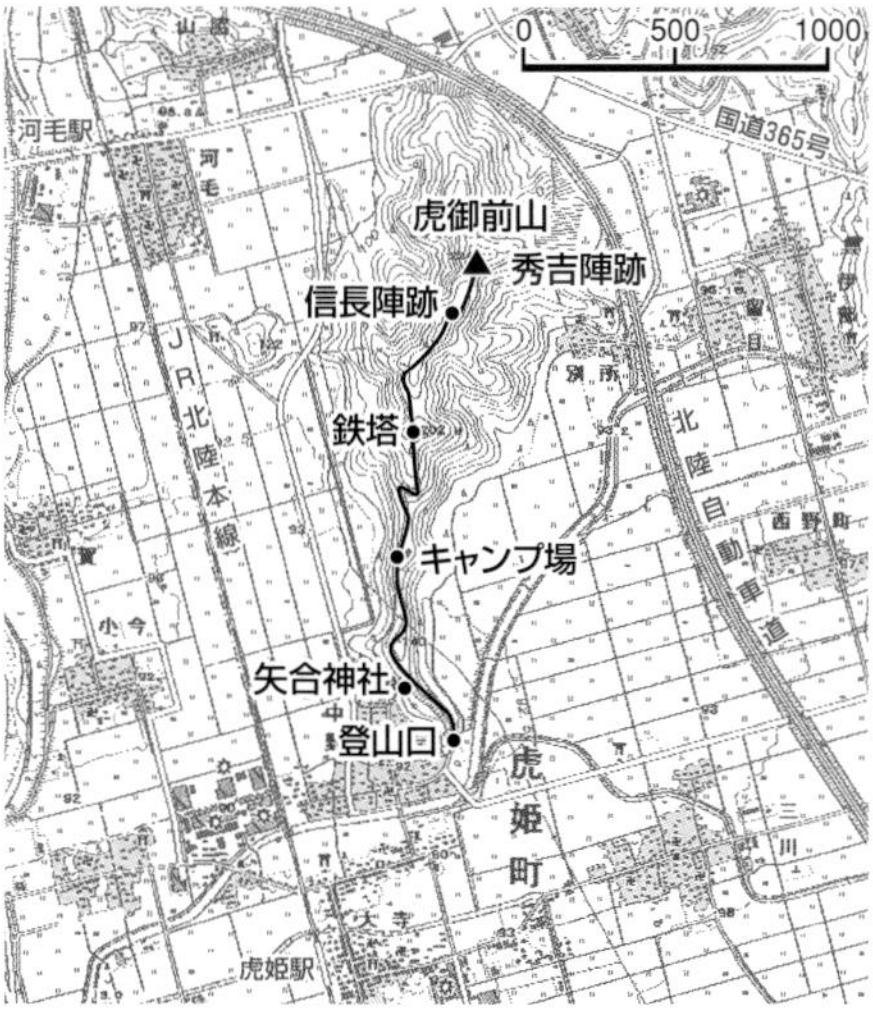

参考タイム

登山口 ―5分― 矢合神社 ―10分― キャンプ場 ―10分― 鉄塔 ―15分― 信長陣跡 ―5分― 秀吉陣跡

アプローチ 登山口へ

北陸自動車道長浜ICから車で15分。JR北陸本線虎姫駅から徒歩15分。

問い合わせ先

虎姫町観光協会 ☎0749-73-4850

金糞岳

［長浜市］

雪を頂く峰々の大パノラマを楽しむ

かなくそだけ
1317m

トレッキング適期

1月
2月
3月
4月
5月
6月
7月
8月
9月
10月
11月
12月

⬆山頂から雪を頂く白山も見える

⬆紅葉に染まる山肌

　春、湖北の野から東に連なる山々を望むと、遅くまで雪を頂いた双耳峰《そうじほう》の山が見える。長浜市の奥にある金糞岳《かなくそだけ》である。伊《い》吹山《ぶきやま》がすっかり春の装いになっても、この山にだけは雪が残っていることがある。

　金糞という名は、白くどっしりと構える峰のイメージにそぐわないが、古くは山の麓で鉄が採れたのだろう。金糞岳に源を発する草野川沿いに、鍛冶屋《かじや》という名の町がある。ここは、古来、野鍛冶が盛んな町だった。上流の草野町にある上許曾《かみこそ》神社には、天日槍《あめのひほこ》の妻が祀られてい

⬆琵琶湖畔から残雪の金糞岳を望む

る。天日槍は、大陸から進んだ技術をもたらした象徴である。もちろん製鉄技術も含まれていたに違いない。

雪が多いから、流れ出る水も豊かである。最奥の集落である高山町の上流には、水神を祀る白龍神社がある。そばにある堂《どう》来生水《らいしょうず》と呼ばれる湧水は、尾根上にある夜叉《やしゃ》ヶ妹池が水源だという伝承がある。枯れることのない湧水は、金糞岳の雪深さのおかげだろう。

地元では、毎年6月はじめに山開きが行われるが、金糞岳に登る季節は、むしろ5月の連休中までがよい。このころは下草が芽吹き始めたばかりだし、残雪があればなおよい。硬く締まった雪のうえを、楽に登っていける。

鳥越林道ができるまで、金糞岳はアプローチの長い山だった。

⬆堂来生水へ水汲みに来る人は多い

登山口の二股から草野川の源流をさかのぼり、コモリの頭、小朝の頭、大朝の頭と、三つのピークを経て山頂へ向かうと、歩行時間4時間もの登りになった。

　しかし、鳥越林道ができて、気軽に頂上を極められる山に変わった。登山道に絡むように林道が伸び、コモリの頭と小朝の頭の手前で、登山道と林道が2度出合う。そして、**鳥越峠**からは、バイパスのような新しい登山道が付けられ、**小朝の頭**を過ぎたところで従来の登山道と合流する。鳥越峠から**頂上**までは1時間足らずで登れるのだ。

　でも、手軽に登れるようになったことで、金糞岳の魅力が増えたわけではない。むしろ、この山の魅力の一つは、琵琶湖と近江の山々の眺望を楽しみながら、変化に富んだ中津尾根をたどることにある。

　雪の多い年には、春先まで林道を通れないことが多いので、下の**林道出合**から歩くのが安全でもある。中津尾根のアプローチを自分の足でかせぎ、ゆっくりと眺望を味わいながら最後に山頂に立てば、春の金糞岳の虜になるだろう。

　一面がクマザサに覆われた山頂は、この季節には広大な雪原である。山頂の東に広がる光景は、清浄な峰々の世界だ。御嶽《おんたけ》山《さん》や白山《はくさん》、乗鞍岳《のりくらだけ》といった雪を頂く3000メートル級の峰が屹立している。白山までは直線距離で75kmほど。鳥のように空を飛べたら、と思いながら白銀の峰々を眺めてしまう。運がよければ、翼を広げて滑空するイヌワシに出会うこともできるだろう。

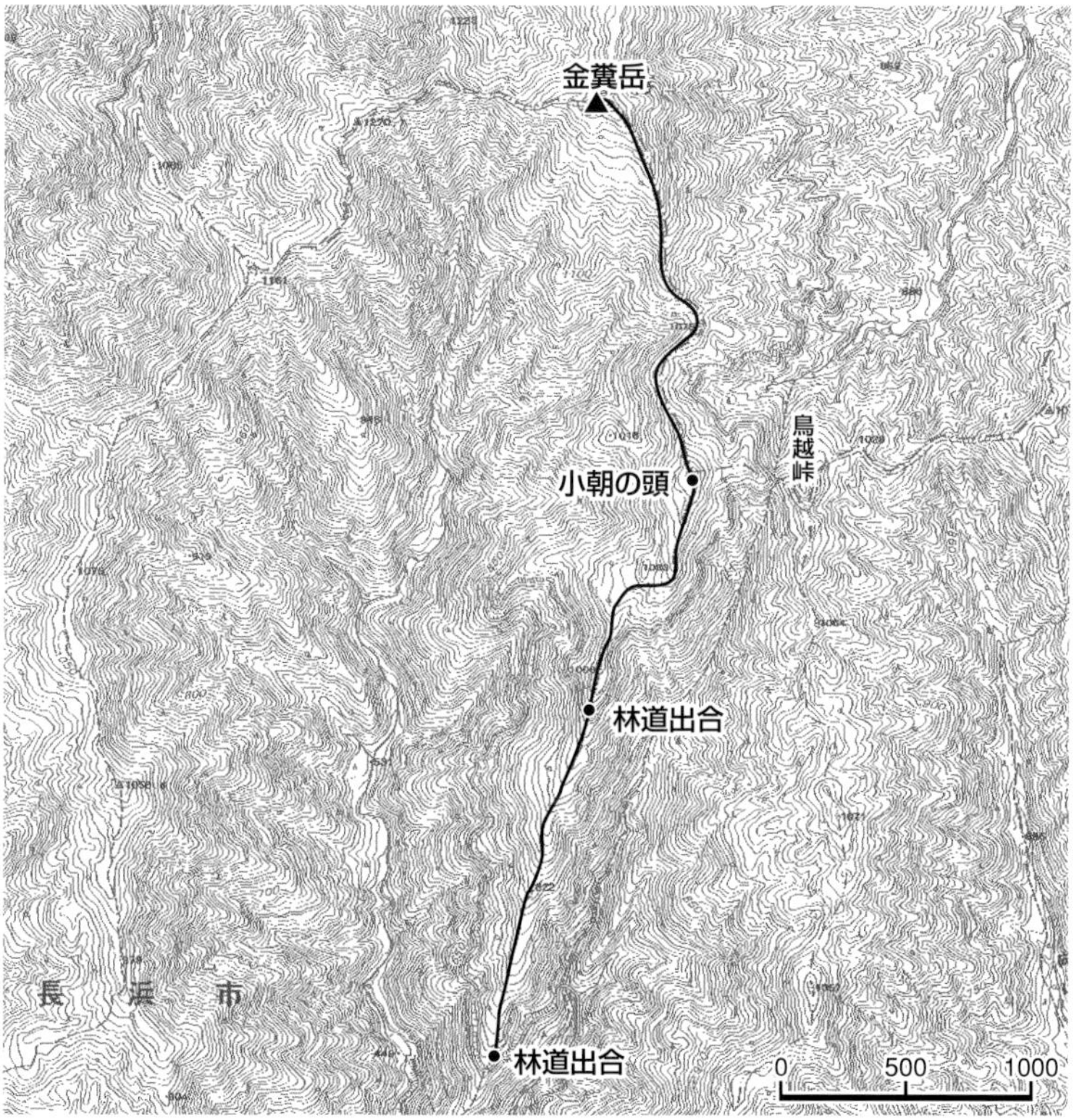

参考タイム

最初の林道出合 ―40分― 2番目の林道出合 ―40分― 小朝の頭 ―40分― 金糞岳

アプローチ　最初の林道出合へ

北陸自動車道長浜ICから車で50分。JR北陸本線（琵琶湖線）長浜駅からバス高山線で終点高山下車、最初の林道出合まで徒歩2時間。

周辺のおすすめスポット

【高佐屋】 金糞岳の麓にある旅館。田中澄江や今西錦司も泊まったという通に知られた宿で、昔は金糞岳登山の基地だった。戦国鍋・鴨鍋・ボタン鍋などが味わえる。（☎0749-76-0037）
【健康パークあざい】 天然鉱石風呂、炭酸泉風呂、露天風呂、運動浴のバーデプールなどがある総合温浴施設。健康食レストラン「食・旬淳」もある。（☎0749-76-1126）

問い合わせ先　**長浜観光協会 ☎0749-62-4111**

夫婦滝

［長浜市］

山野草の咲く渓流を歩き滝に出合う

めおとだき
450m

トレッキング適期

1月
2月
3月
4月
5月
6月
7月
8月
9月
10月
11月
12月

金糞岳《かなくそだけ》は身近な山になった。春遅くまで白く輝く双耳峰《そうじほう》は、長浜市のシンボルの一つである。そして、北近江の野を潤す恵みの象徴でもある。豊かな雪解け水は、深い谷と渓流をつくり、わたしたちに美しい水をもたらしてくれる。

新緑の季節、長浜市高山町の奥にある二股出合は、アウトドアを楽しむキャンパーたちで賑わう。**高山キャンプ場**にはオートキャンプができる設備やバンガローなどがあり、渓流釣りや山菜摘み、ハイキングなどに最適だ。夫婦滝《めおとだき》を訪れるのも、この季節がいちばん。もっとも水量が豊富な時期である。

キャンプ場の駐車場に車を停めて、東俣谷《ひがしまたたに》川の右岸に沿って林道を歩いていこう。山道沿いには、色とりどりの山野草が咲きそろっている。まず出会うのは、ヤマブキの花。林道の左手は、照葉樹や針葉樹のうっそうとした森が広がっているが、ヤマブキの黄色い花がいっそう鮮やかである。

ときおり、キャンプに来ている親子連れとすれ違うと、子どもが手に小さな紫の花を握りしめていたりする。スミレの花だ。東俣谷川の涼やかな瀬音がたえまなく聞こえ、明るい道端に可憐な花が群がり咲いている。スミレは、美しくよみがえる春の山野の象徴だ。

イカリソウやイチリンソウは、慎ましやかである。イカリソウは、その名のとおり形が船の錨に似ていて、日本海側でよく見かける花である。北陸では白い花が多く、西日本では紅色が多いというが、金糞岳のイカリソウは淡い紅色をしている。イチリンソウの名も、その姿をよく表している。白い花弁を風に揺らす様は、山野草の象徴のようにも思える。

小さな**避難小屋**の前を過ぎると、木の橋を2度渡って、東俣谷川から支流の滝谷川へ入っていく。しばらくスギの植林地が続き、樹相が広葉樹に変わると、森がぱっと明るくなる。ときおり杉の巨木が現れ、日陰をつくってくれるので、一休みするのに最適のポイントである。林床にはスミレが咲いている。日本はまさにスミレの国だ。すみれ色だけでなく、白く可憐な花もある。

やがて正面に、勢いよく流れ落ちる滝が見えてくる。**雄滝**《おだき》である。流れは3段に分かれていて、上段の落差は20mあまりあるだろうか。渓流を渡って、左手の山腹を※トラバースするように巻くと、**雌滝**《めだき》の下に出る。こちらの落差は15mほど。流れ落ちる水の飛沫が心地よい。

さわやかな滝を楽しんで、さて帰ろうと振り返ると、登ってきた谷の彼方に高山の集落が見える。草野川に沿って拓けた町の様子が一望である。山を下りて、高山橋の上から山を見上げても滝は見えない。山の生き物たちは、人間の暮らしをじっと見ているのかもしれない。

※トラバース：山腹を横切ること

⬆雄滝は3段に分かれて流れ落ちている

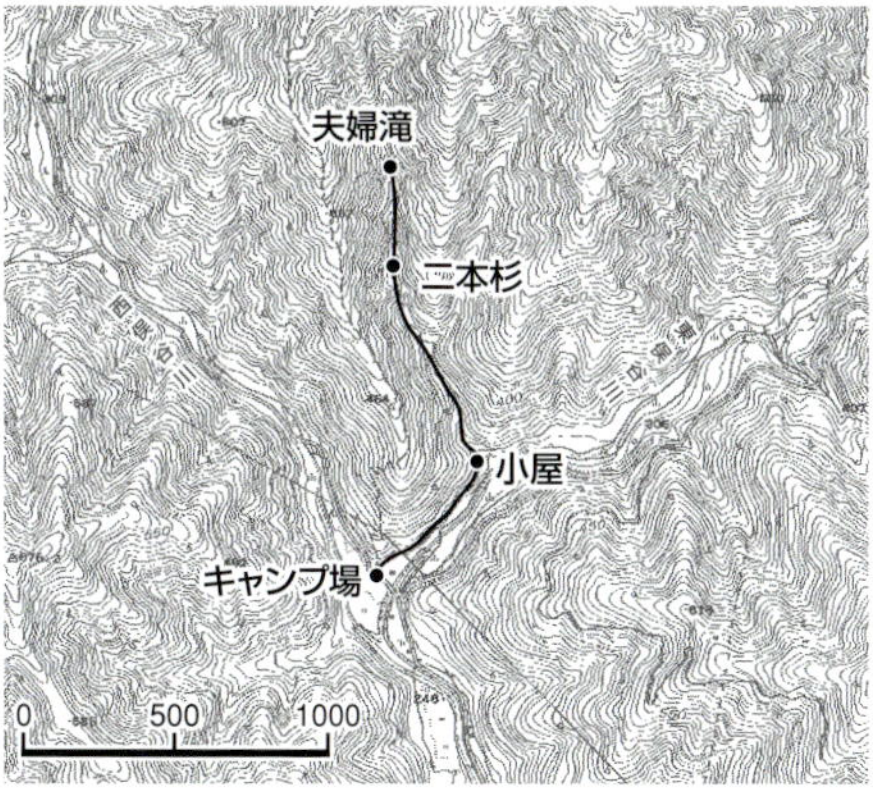

参考タイム

高山キャンプ場 ―― 15分 ―― 避難小屋 ―― 30分 ―― 二本杉 ―― 10分 ―― 夫婦滝

アプローチ　高山キャンプ場へ

北陸自動車道長浜ICから車で30分。JR北陸本線（琵琶湖線）長浜駅からバス高山線で終点高山下車、徒歩10分。

問い合わせ先

長浜観光協会 ☎0749-62-4111

天吉寺山［長浜市］

山上に古代から栄えた山岳寺院跡

てんきちじやま
918・5m

トレッキング適期

1月	2月	3月	4月	5月	6月	7月	8月	9月	10月	11月	12月

⬆本堂跡近くの「あか池」

姉川の支流である草野川の上流域を上草野という。本流である姉川上流は、かつて東草野と称された。上草野と東草野の間には、県境にそびえる金糞岳《かなくそだけ》から南へ派生する山塊が七《なな》尾《お》山《やま》まで続いている。現在は、七曲《ななまがり》峠が両草野を結ぶ唯一のアクセスだが、近世まで山のなかには多くの道があった。それらは杣人《そまびと》の道であり、修験《しゅげん》者の道でもあった。

両草野を隔てる山の上にあった山岳寺院、大吉寺《だいきちじ》に通じる道も、そのような山道の一つである。信長の浅井《あざい》氏攻めによって焼き討ちに遭うまで、大吉寺には50坊の堂宇があったという。標高750mの山上に巨大な山岳寺院が栄えたことは、寺が僧だけでなく、信仰心厚い里人によって支えられていたことを意味する。里人たちは、日々大吉寺への道を通ったに違いない。

野瀬の集落は、上草野の中央に位置する。かつて中学校があった集落である。廃校になった校舎を越えると、道は三叉路になり、正面に大吉寺を示す大きな**石柱**が立っている。ここを右手に進み、1kmほど坂道を登っていくと、大吉寺が現れる。

現在の大吉寺は、山上にあっ

⬆本堂跡の手前から琵琶湖を望む

⬆源頼朝の供養塔と伝えられる宝塔

た寺院の一子坊である。駐車場に「大吉寺周辺案内図」と書かれた大きな看板があり、そばに美しい谷川が流れている。最初は谷川を右に左に渡りながら、岩場やぬかるみのある道を歩く。うっそうとした常緑樹と針葉樹の深い森が続くが、谷川と別れて山腹に取りつくと、次第に明るい落葉広葉樹が多くなってくる。

つづら折りの道をひたすら登っていくと、ひと息入れたいと思うころに平坦な場所に出る。山岳寺院の入口にあたる、大吉寺の**仁王門跡**である。次に現れるのは、苔むした**手水鉢**《ちょうずばち》。花崗岩をくり抜いた大きな鉢に、清冽な水が流れ込み、なかに2匹のイモリが棲みついている。鐘楼跡を迂回するように登っていくと、背後の展望が一気に開けて、湖北の野と琵琶湖が一望できる。

やがてスギの巨古木に囲まれて、周囲を石垣で組んだ平坦地が現れる。**本堂跡**である。10間四方ほどもあるだろうか。足下には、柱を支えた大きな礎石が等間隔に並んでいる。本堂跡のそばには、源頼朝の供養塔と伝えられる石造の宝塔が立っている。建長3年（1251）の銘文が刻まれており、歴史の重さに立ちつくしてしまう。一説では、源義朝が平治の乱に破れて東国へ逃れたとき、逃げ遅れた13歳の頼朝が大吉寺に匿われたのだという。

　本堂跡の右手には、あか池という小さな池が深緑を映している。池に流れる美しい水の元をたどると、岩のあいだから湧き出る泉が現れる。山頂へは、本堂跡の背後にある**覚道上人入定窟**《かくどうしょうにんにゅうじょうくつ》と呼ばれる石室のそばを登っていくが、踏み跡が明らかではない。ここから先は、地元の人の案内が必要である。

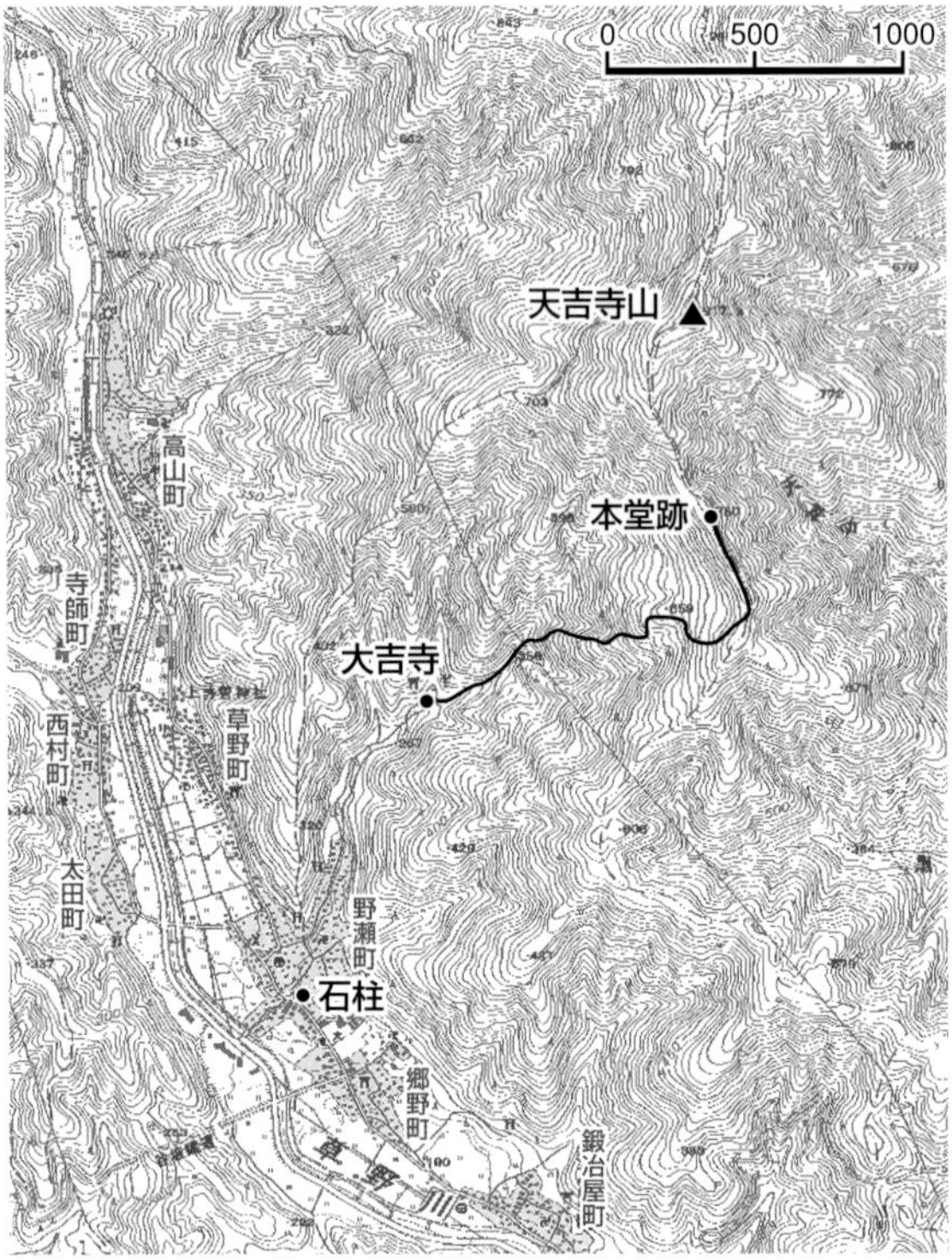

参考タイム

大吉寺 ――50分―― 仁王門跡 ――10分―― 手水鉢 ――10分―― 本堂跡 ――5分―― 覚道上人入定窟

アプローチ 大吉寺へ

北陸自動車道長浜ICから車で20分。JR北陸本線（琵琶湖線）長浜駅からバス高山線野瀬下車、徒歩15分。

周辺のおすすめスポット

【浅井歴史民俗資料館】大吉寺の近くにあった庄屋の家を移築した「七りん館」や、養蚕の歴史を伝える「糸姫の館」、農村鍛冶の歴史を紹介する「鍛冶部屋」などがある。（☎0749-74-0101）

【プラザふくらの森】地元で採れた新鮮な農林産物や特産品を直売。地域の観光情報も発信。1月10日から3月上旬まで浅井盆梅展が開催される。（☎0749-74-8282）

問い合わせ先 **長浜観光協会 ☎0749-62-4111**

七尾山［長浜市］

七つの尾根をもつ豊かな里山

⬆姉川近くから望む七尾山

⬆山頂手前の尾根から小谷山を望む

ななおやま
691m

トレッキング適期

1月
2月
3月
4月
5月
6月
7月
8月
9月
10月
11月
12月

姉川と草野川という、二つの河川に挟まれた七《なな》尾《お》山《やま》は、南北に長い尾根をつくり、米原市と長浜市を分ける分水嶺となっている。

七尾山の西側には、なだらかな平原状の斜面が姉川と草野川に向かって広がり、斜面の裾野に沿って相撲庭《すまいにわ》、今荘《いまじょう》、南池、北池、法楽寺、小野寺といった、歴史のある村々が点在している。旧七尾村に属した地域だが、この地域の人たちにとって、七尾山は燃料を石油に頼る時代が来るまで、暮らしに欠かせない木材資源の宝庫だった。

⬆麓にある真言宗の古刹醍醐寺

⬆山頂から見る伊吹山は痛々しい

　七尾山から生活の糧を得てきた地域は、旧七尾村だけでなく広い範囲にわたっていた。長浜市の北郷里《きたごうり》の村々も、この山に入会権を持っており、過去その権利をめぐって争いがおこなわれたという。枯れ枝は薪になり、下草は家畜の餌や田畑の肥料になり、そして高木は建物の材料になった。七尾山が暮らしに密着した里山として生きていたころ、なだらかな斜面には、美しい雑木林が広がり、明るい雑木林のなかを縦横に山道が続いていたに違いない。

　長浜市今荘町の鎮守である**天《あま》津《つ》神社**は、そのような雑木林のなかにある。集落から山に向かって参道が続き、春、参道は満開の桜で彩られる。桜の隠れた名所である。天津神社から広域農道を北へ数百m歩くと、森に入る道があり、かたわらに「**七尾山登山口**」と書かれた小さな木の看板がある。しばらくは、静かな雑木林のなかの道が続くが、山腹に取り付くと、急な山道に変わる。

　やがて、草野川沿いの町々が見渡せる**尾根**に出る。七つの尾根の一つである。近くの大依山《おおよりやま》から小谷山《おだにやま》、虎御前山《とらごぜんやま》などが一望でき、休憩には絶好の場所である。ここから尾根上を東へ向かう。ところどころに植林地があり、木を伐開したあとにヒノキの幼木が植えられているため、そのたびに北西の見晴らしを得ることができる。

　植林地を抜けると、やせ尾根になる。明るいアカマツとヤマツツジの疎林が続き、春にはツツジの紅色に彩られ、秋には紅葉に彩られる。この山のハイライトといったビューポイントだ。

七尾山の山頂は、残念ながら東の伊吹山《いぶきやま》方面以外は見晴らしが利かない。しかも、間近に見る伊吹山は、正面に石灰岩の採取地が迫っており、痛々しい姿をさらしている。

山頂から北の七曲峠方面に少し下ると、西の見晴らしが利くポイントに着く。ここで大休止したあと、七曲峠方面に尾根を歩いていこう。途中から植林地のなかを**左へ下りる道**がある。

やがて沢筋に出合い、最後は舗装された**林道**に出る。林道を下っていくと、浅井高原の**住宅団地**の隅に出る。帰りは、近くの醍醐寺に寄っていこう。運慶作の毘沙門天で有名な真言宗の古刹である。

参考タイム

天津神社 ―5分― 登山口 ―45分― 尾根 ―40分― 七尾山 ―20分― 植林地の下山路 ―40分― 林道出合 ―15分― 浅井高原団地

アプローチ 今荘町へ

北陸自動車道長浜ICから車で10分。JR北陸本線（琵琶湖線）長浜駅からバス伊吹登山口線今荘橋下車、徒歩10分。

周辺のおすすめスポット

【今荘観光ぶどう園】 長浜市今荘町にある。８月下旬から９月下旬まで、ぶどう狩りが楽しめる観光農園を開園。隣にサクラの名所、天津神社もある。（☎0749-74-1322）

問い合わせ先 **長浜観光協会 ☎0749-62-4111**

龍ヶ鼻古墳群・息長御陵

古代政権の中枢を担った豪族の遺跡

［長浜市・米原市］

たつがはなこふんぐん・おきながごりょう
229m

トレッキング適期
1月 2月 3月 4月 5月 6月 7月 8月 9月 10月 11月 12月

長浜市と米原市の境を南北に連なる横山丘陵は、臥龍山《がりゅうざん》とも呼ばれる。臥《ふ》せる龍を連想させることから名づけられたのだろうが、長浜の野から眺める山の連なりが、そう見えるからだろうか。あるいは、伊吹山《いぶきやま》から俯瞰した姿からだろうか。明らかではないが、古来、龍は天と地のあいだを昇降する水神として崇められた。雨乞いのために祈念される豊作の守護神である。

湖北の野をうるおす姉川には、龍や大蛇にまつわる物語が多い。姉川に接する横山丘陵の北端は龍ヶ鼻《たつがはな》と呼ばれ、長浜平野を流れる水は、その多くが龍ヶ鼻に源を発している。姉川の伏流水を取水する、底樋《そこひ》といわれる仕組みが設けられているのだ。龍ヶ鼻は、まさに水を治める要の位置にある。先人が、この山に龍のイメージを抱いたのは、水との関わりからも故あることなのである。

龍ヶ鼻周辺は、古代の豪族を葬った古墳の宝庫でもある。およそ1kmにわたって、尾根上に20近くの古墳が眠っている。この地を本拠とした、水を治める豪族の古墳だろう。北の突端にある茶臼山《ちゃうすやま》古墳は、その象徴である。

茶臼山古墳は、北が丸く南が方形をした前方後円墳である。山裾の清冽な春近《はるちか》川の流れを渡り、古墳の解説板の脇を登っていくと、わずか5分ほどで古墳の頂に着く。ここから南に向かって、尾根は急勾配で高度を上げていき、平坦な尾根上に出ると、眺望が一気に開ける。西に長浜の街と琵琶湖が望め、北には浅《あさ》井《い》氏の本拠であった小谷山《おだにやま》が構えている。東には白銀に輝く伊吹山が屹立している。

最初のピークが**龍ヶ鼻古墳**の頂であるが、ゆるやかな尾根に沿って現れるいくつかのピークは、すべて古墳の頂にあたる。

龍ヶ鼻古墳の南に、樹木が伐開されていっそう見晴らしのよい場所があり、垣籠《かいごめ》の集落を見下ろす大きな岩がある。地元の人々が**天神岩**と呼ぶ岩である。ある夜、垣籠の産土神《うぶすなかみ》である天神様が、雲のなかから光明を発してこの岩に下りられ、その足跡を残されたのだという。

天神岩からさらに南へ行くと、垣籠と米原市村居田《むらいだ》を結ぶ**峠道**に出る。垣籠では犬飼坂、村居田では牛買道と呼ばれており、いずれも土地の人々の暮らしと深く結びついてきた古道だ。村居田の集落には、**息長《おきなが》御陵**という宮内庁が管理する陵墓がある。6世紀の半ば、敏達《びだつ》天皇の皇后となった息長氏の娘広姫《ひろひめ》の御陵とされている。反対に犬飼坂を下っていくと、垣籠の氏神が祀られている**天満神社**の横に出られる。

龍ヶ鼻周辺にある古墳群は、息長氏と同じ流れをくむ坂田氏の首長墓であるといわれる。坂田氏は、天武天皇のころ、八色《やくさ》の姓《かばね》の筆頭である真人《まひと》姓を与えられ、政権の中枢にあった。多くの古墳は、坂田氏の力の大きさを物語っている。

⬆伊吹山と七尾山を背に横山丘陵を望む

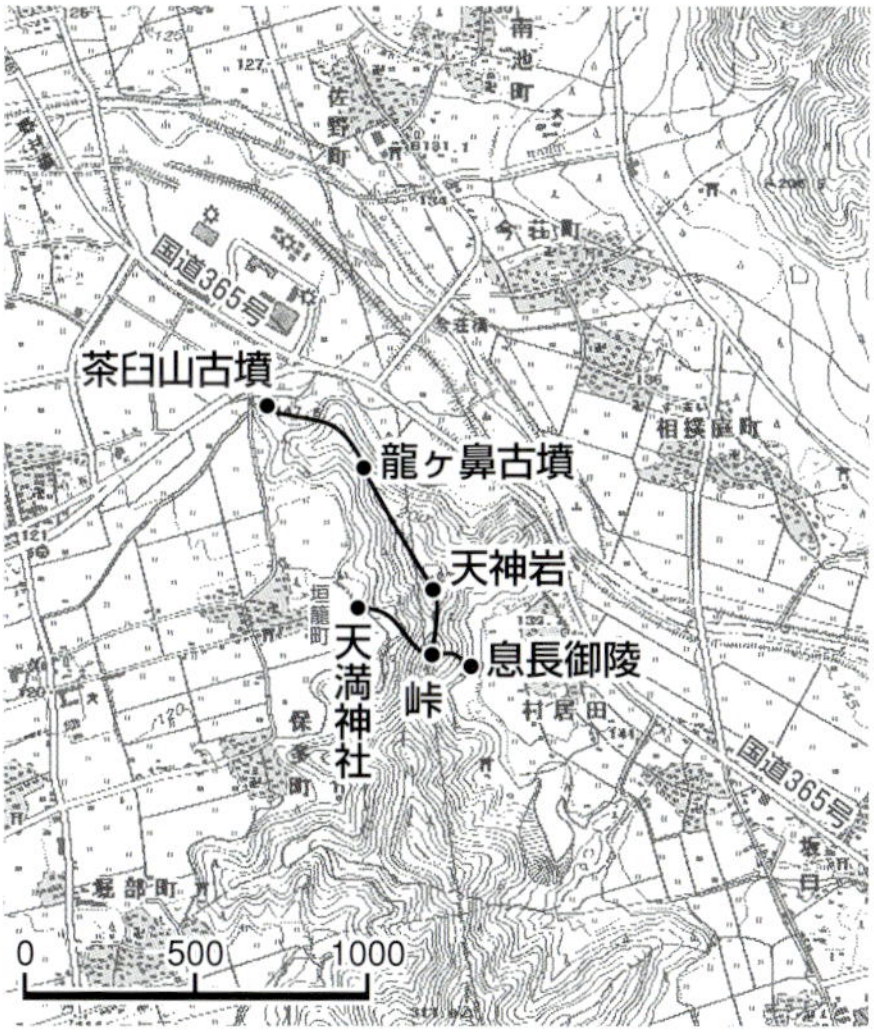

参考タイム

古墳入口 ―5分― 茶臼山古墳 ―15分― 龍ヶ鼻古墳 ―15分― 天神岩 ―10分― 峠 ―20分― 息長御陵 ―30分― 天満神社 ―10分― 古墳入口

アプローチ　古墳入口へ

北陸自動車道長浜ICから車で10分。JR北陸本線（琵琶湖線）長浜駅からバス伊吹登山口線で東上坂口下車、徒歩10分。

問い合わせ先

長浜観光協会 ☎0749-62-4111

横山城跡

三成が通った観音寺の峠道と山城

［長浜市・米原市］

よこやまじょうせき
312m

トレッキング適期
1月 2月 3月 4月 5月 6月 7月 8月 9月 10月 11月 12月

晩秋から早春にかけての里山は明るい。新緑や紅葉の頃もいいが、澄みきった空気に包まれた林の道を、落ち葉を踏みしめて歩くのは、他の季節には味わえない楽しみである。凛とした寒さの日に、横山《よこやま》城跡に登ってみよう。ふるさとのすばらしさを再発見するはずである。

横山城跡は、長浜市と米原市を分ける横山丘陵のピークにある。麓にある長浜市石田町の町並みを抜けると、米原市朝日へ抜ける観音坂トンネルの手前に、**横山ピクニック道**と記された看板があり、車が数台置ける駐車場がある。

間伐材で整備された階段状の道を登ると、すぐに道はなだらかになる。この道は、トンネルができるまで、横山を越える峠道だった。この地域の土豪の子として生まれた石田三成が、秀吉と出会ったという**観音寺**は、峠の東側にある。三献の茶の舞台として語られる古刹である。鞍部状になった峠までは、10分あまり。ここから北へ尾根道をたどると、スキップをしたくなるような快適な道が続く。クヌギやコナラ、アカマツなどの明るい雑木林のなかを、なだらかな山道が続いている。

やがて鐘つき堂のある広場に出る。おそらく観音寺の鐘楼だろう。そばには、3体の石の仏様が並んでおられる。ここが**第一の城跡**である。

さらに尾根道を北へ進むと、お椀を伏せたようなピークが目の前に現れる。息を切らせて階段を登りきると、東に白銀に輝く伊吹山《いぶきやま》が圧倒的な大きさで迫っている。ここが**第二の城跡**である。

横山城跡には、二つの本丸がある。別城一郭と呼ばれ、二つの城が組み合わさって山城を形成しているのである。この城の歴史を知ると、二つの城の意味がわかる。

ここに初めて城を築いたのは京《きょう》極《ごく》氏である。その後、浅井《あざい》氏が湖北の実権を握ると、小谷《おだに》城の出城となった。長政の時代に本格的な改築がおこなわれたといい、南への備えとして、第一のピークに本丸が置かれたのだろう。

ところが姉川の合戦で織田信長が勝利を収めると、横山城も織田方の手に落ちる。城番《じょうばん》となった秀吉は、3年後の小谷城落城まで、第二本丸を前線基地としたのである。

第二本丸は、第一本丸から北へ200mほど離れている。標高はこちらのほうが少し高く、ここから北・西・南の三方に尾根が派生している。本丸から北を望むと、浅井氏の本拠があった小谷山が、手に取るように見える。西の眺めもすばらしい。長浜の街が一望でき、その向こうに、キラキラと輝く琵琶湖が広がっている。

下山路は、西の尾根をたどろう。曲輪《くるわ》や堀切の跡をアップダウンしながら下っていく。大きな岩がある見晴らし台を過ぎると、道は林道と合流し、麓にある**日吉神社**のそばに出る。

⬆第二本丸から小谷山と虎御前山を望む

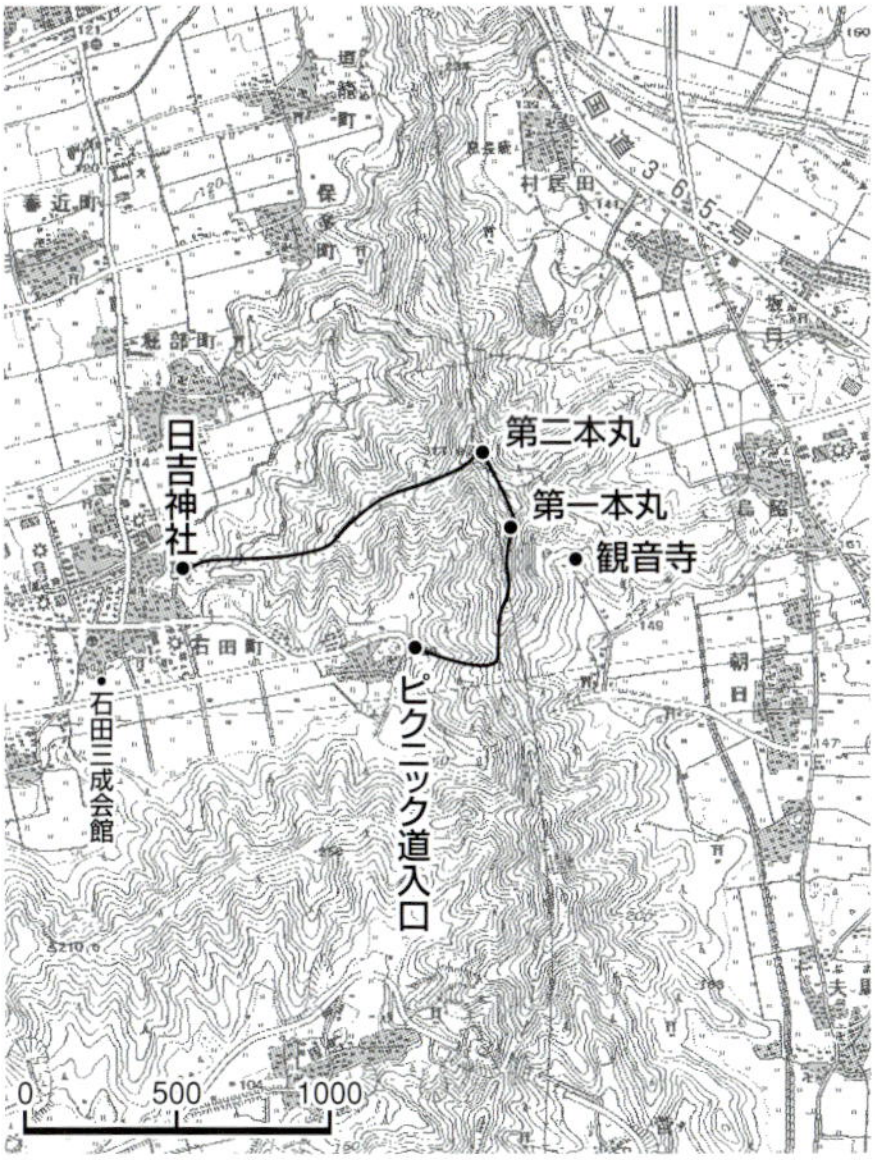

参考タイム

横山ピクニック道入口 ――30分―― 第一本丸 ――5分―― 第二本丸 ――20分―― 日吉神社

アプローチ **横山ピクニック道入口へ**

北陸自動車道長浜ICから車で10分。JR北陸本線（琵琶湖線）長浜駅からバス長浜長岡線で石田下車、徒歩10分。

問い合わせ先

長浜観光協会 ☎0749-62-4111

横山環境保全林 ［長浜市］

後鳥羽上皇が訪れた古刹と里山を歩く

よこやまかんきょうほぜんりん
290m

トレッキング適期
1月
2月
3月
4月
5月
6月
7月
8月
9月
10月
11月
12月

中世、長浜市の東南部一帯は鳥羽上荘《とばかみのしょう》といわれた。鎌倉時代に院政を敷いた後鳥羽上皇との関わりが深い地である。その鳥羽上荘に、名越《なごし》町という小さな集落がある。サイクリングターミナルがある町といえば、わかりやすいかもしれない。

サイクリングターミナルから東に向かって進むと、名越町の町並みが横山の麓まで続いている。町並みを抜けると、いちばん奥に**名超寺**《みょうちょうじ》という古刹が現れる。この寺には、鎌倉時代に後鳥羽上皇が訪れ、幕府を討つための祈祷をしたという伝承がある。

後鳥羽上皇は、鎌倉幕府の将軍実朝《さねとも》が殺されると、幕府の実権を握る執権北条義時《ほうじょうよしとき》追討のため挙兵する。承久《じょうきゅう》の乱である。しかし、幕府軍の武力には勝てず、上皇は隠岐《おき》に流され、無念のうちにその生涯を閉じる。

名超寺は、往時49院を擁した天台宗の大寺であったという。いまは平等院と観成《かんじょう》院の2院が残るのみで、上皇が行在所《あんざいしょ》にしたという円光院は建物跡があるだけである。名超寺のとなりには、**後鳥羽神社**が鎮座している。こちらは、明治13年に名超寺の客殿を移して創建されたものである。

晩秋、名超寺と後鳥羽神社を訪れると、見事な紅葉に出会うことができる。春には、美しい八重桜とツツジに彩られる。

さて、車を神社のそばにある駐車場に停め、林道を歩き始めよう。１００ｍほど先の右手に、「ヤマブキの道」と記された道標が立っている。山腹に取りつく遊歩道である。ここを登っていくと、途中の斜面にクリ林が広がっている。地元の子どもたちが管理しているクリ園のようだ。

尾根に出るとクヌギやアカマツの明るい道になり、ゆるやかな尾根道を東へ向かう。やがて横山丘陵の主脈へ登りつめたところに、「縦走路」と記された道標が立っている。長浜熟年山歩会の人たちが立てたものだ。ここから南へ縦走すると、米原市の日撫山《ひなでやま》まで行ける。

主脈を北へ行くと、すぐに**前山展望広場**のピークに到着するが、西側はヒノキの植林によって展望が利かない。植林がされる以前は文字どおりの展望広場で、琵琶湖の見晴らしがすばらしかった。残念でならない。

反対に、東側は葉を落とした木々を通して、白銀の伊吹山《いぶきやま》や霊仙山《りょうぜんやま》などが一望できる。その景色を愛でながら北へ10分ほど歩くと、次に**天神山展望広場**というピークが現れる。こちらは山頂の針葉樹が伐開された後で、琵琶湖の眺望が得られる。山頂の風景によって、山の印象がまったく変わることを実感する。

天神山からは下りである。急な木の階段を下りていくと、見晴らしのよい場所に東屋がある。林道はここまで通じているが、そばのクチナシの道を下りていこう。しばらくで、**後鳥羽神社**の境内に出ることができる。

⬆雑木林の明るい尾根道

参考タイム

名超寺 ―30分― 前山展望広場 ―10分― 天神山展望広場 ―15分― 東屋 ―15分― 後鳥羽神社

アプローチ **名越町登山口へ**

名神高速道路米原ICから車で15分。JR北陸本線（琵琶湖線）長浜駅からバス長浜市内循環線で名越口下車、徒歩５分。

問い合わせ先

長浜観光協会 ☎0749-62-4111

Syano zan　全域地図——E3

射能山

［米原市］

西美濃との国境に連なる尾根道を歩く

しゃのうざん
1259・7m

トレッキング適期
1月
2月
3月
4月
5月
6月
7月
8月
9月
10月
11月
12月

⬆登山口にある奥伊吹スキー場

⬆初夏の尾根道に咲くサラサドウダン

まずはクイズから始めよう。滋賀県でいちばん高い山は伊吹《いぶき》山《やま》、2番目は金糞岳《かなくそだけ》。それでは、3番目は？　比良《ひら》の武奈ヶ岳《ぶながだけ》か、鈴鹿の御池岳《おいけだけ》かと思うのだが、実は奥伊吹にある射能山《しゃのうざん》である。岐阜県側ではブンゲンという。一般になじみがない山であり、県下3位の高峰であることもあまり知られていない。

北近江の野から西美濃との国境に連なる山々を望むと、伊吹山が独立峰のように佇立し、そこから北へ茫洋たるスカイラインを見せて稜線が続いている。春遅くまで雪を頂く金糞岳は、

米原市

⬆リフト終点の尾根から金糞岳を望む

双耳峰《そうじほう》の山容からすぐにわかるが、伊吹山と金糞岳のあいだにあるいくつかのピークは、これといった特徴がない。しかし頂に立ってみるの一つだが、しかし頂に立ってみると、眺望のすばらしさに驚く。山容から思い描く予想を超える、味わいのある山である。もっと登られてよい山だと思う。

雪のない季節のスキー場は、哀しい風景だ。山肌が削られ、リフトなどの人工物が目につく。**奥伊吹スキー場**も例外ではないが、開設されて歳月が経ち、いくぶん自然の風景となじんできたようだ。雪のない季節は、レストハウスのすぐ下まで車を乗り入れることができる。車を置いて、右手のゲレンデを登っていく。初心者コースのなだらかな斜面だが、さすがに樹木のないゲレンデを登るのは少しつ

⬆平家の落人が住んだという麓の甲津原

らい。だが、歩き始めた場所で、すでに高度計は７００ｍ以上を示している。風があれば、高原のようなさわやかさを味わうことができる。

　リフトの乗り換え地点を３ヶ所過ぎて、いちばん上にあるゲレンデを登っていくと、左右に大きな岩が見えてくる。ゲレンデを造成したときに両側に残った岩のようで、左手の岩は、その形から**天狗岩**《てんぐいわ》と名づけられている。休憩を取るには、絶好のポイントである。ここから**リフト終点**の尾根は、すぐ近くに見えるのだが、見通しの利く斜面は予想以上に時間を要する。天狗岩から尾根までは、たっぷり30分はかかる。

　尾根に立つと、南西に琵琶湖が望め、少し北寄りに鋭角の山容を見せる金糞岳が構えている。反対側は、広大なブナ林が奥美濃の貝月山《かいづきやま》まで広がっている。ここから南へ尾根道をたどる。コースはよく整備されていて、迷うことはない。最初の小さなピークには、花崗岩の巨石が張り出している。岩の上に立つと、眼下に広がる樹海を空中遊泳しているような爽快さを味わうことができる。

　サラサドウダンの花が咲く群落を通り、しっとりとしたブナ林を抜け、クマザサをかき分けて、ゆるやかなアップダウンを繰り返していくと、花崗岩の**巨石**から三つ目のピークが**山頂**である。

　南には、虎子山《とらすやま》、国見岳《くにみだけ》といった伊吹北尾根の山々が折り重なるように続いている。いつか残雪期の晴れた日に、国境の尾根をたどってみたい。

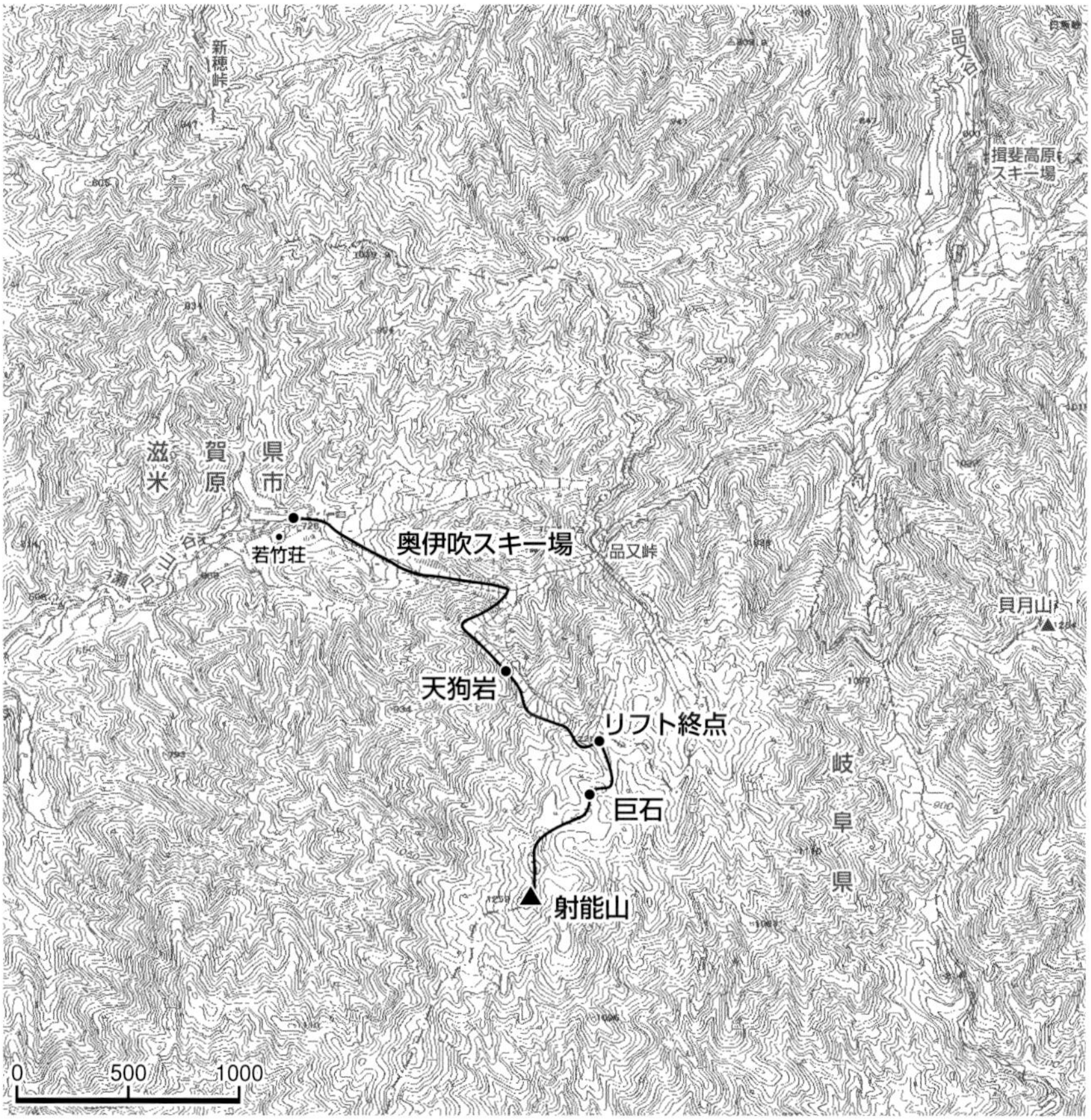

参考タイム

奥伊吹スキー場 ―70分― 天狗岩 ―30分― リフト終点 ―15分― 巨石 ―35分― 射能山

アプローチ **奥伊吹スキー場へ**

北陸自動車道長浜ICから車で40分。JR北陸本線（琵琶湖線）長浜駅からバス伊吹登山口線経由曲谷線乗換終点甲津原下車、徒歩30分。

周辺のおすすめスポット

【甲津原交流センター】麓の甲津原にある漬物加工販売施設。特産物の販売コーナーがある。隣に江戸初期の古民家を再生した奥伊吹ふるさと伝承館もある。（米原観光協会☎0749-58-2227）

【若竹荘】奥伊吹スキー場の近くにある老舗の民宿。山菜料理、岩魚料理、くるみごはん、岩魚の骨酒などが味わえる。（☎0749-59-0020）

問い合わせ先 **米原観光協会 ☎0749-58-2227**

五色の滝

まぼろしの滝とユリ園とダム湖をめぐる

［米原市］

ごしきのたき
510m

トレッキング適期
1月
2月
3月
4月
5月
6月
7月
8月
9月
10月
11月
12月

曲谷《まがたに》は、姉川最奥の地、甲津《こうづ》原《はら》の手前にある村である。姉川ダムができて、甲津原までの景観は大きく変わったが、曲谷という地名のとおり、姉川はこの村の上流で大きく蛇行し、深い谷をつくっている。谷の両側には、1000m近い山が迫っており、いくつもの支流が姉川へ流れ込んでいる。その支流の一つ、起《おこ》し又《また》川の上流に、まぼろしの滝ともいわれる巨大な滝がある。五色《ごしき》の滝である。

曲谷の集落から県道を甲津原方面に進むと、トンネルの手前に登山口の標識が現れる。県道から右手へ折れて、段々畑のなかに続く林道を進むと、突き当たりの斜面に五色の滝への**登山口**がある。急な斜面をトラバース※気味に登りきると、左手に砂防ダムが見えてくる。そのダムを左手に見ながら、いくつかの小さな沢を渡り、起し又川に沿って登っていく。

山道はきれいに草が刈られ、沢には丸太の橋が架けられており、迷うことはない。川に沿って広葉樹のなかを登っていくため、暑さもそれほど気にならない。

途中、丸く削られた石が道ばたにいくつも転がっている。石臼にするために切り出されたものだ。曲谷は、戦後しばらくまで石臼の産地であった。この谷から石を削り出し、集落まで背負って運んだのだという。

1時間近く歩くと、突然森が開け、大きな瀬音が聞こえてくる。**五色の滝**に到着である。滝は5段に分かれている。下の3段は、カエデやブナに覆われた緑のなかを流れ落ち、上の2段は大きな岩を滑るように流れている。

2段目の滝は圧巻である。巨大な一枚岩の上を、水しぶきをあげて幾筋もの流れが躍っている。岩のそばに立つと、涼感がたまらなく心地よい。

※トラバース：山腹を横切ること

五色の滝を存分に味わったあとは、西に派生する尾根道を下りていこう。滝を少し下ったところで沢を渡り、20分ほど針葉樹と広葉樹が混ざる森のなかを歩くと林道に出る。そこから15分ほどで、大きな広場に出る。地元で大持《だいもち》広場と呼ばれるところで、姉川ダムの工事で造成された平坦地である。

数年前に、この広場に曲谷の人たちによってユリが植えられた。周辺に自生するヤマユリにちなんで、**ユリ園**がつくられたのだ。毎年、開園は6月末で、7月末頃まで薄紅や白、薄紫の花々が広場を埋め尽くす。植えられたユリは5万本といわれ、山間が甘い香りに包まれる。

広場からは、深緑に澄んだダム湖を見下ろすことができる。地元の人たちによって、**白龍《はくりゅう》湖《こ》**と名づけられた湖だ。広場から林道を10分ほど下りると、湖のそばに出る。ユリ園が開かれる時期には、湖でカヌーを楽しむ催しも行われているようだ。

五色の滝とユリ園とダム湖をめぐる、2時間半ほどの涼感あふれるトレッキングである。

⬆下の3段の滝は緑の中を流れ落ちる

⬆曲谷の人たちが造ったユリ園

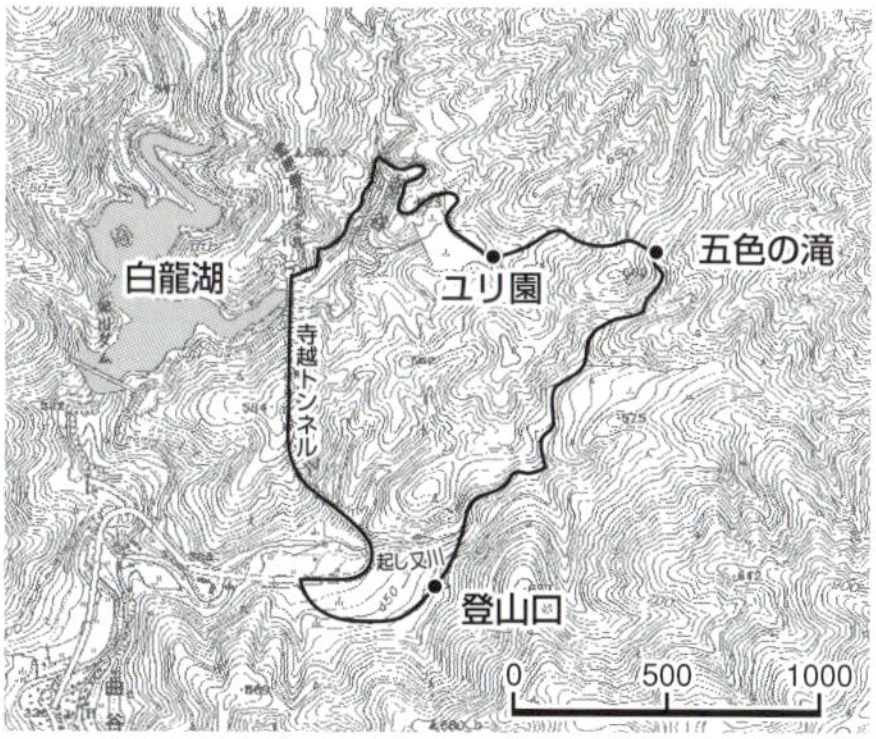

参考タイム

登山口 ―50分― 五色の滝 ―40分― ユリ園 ―15分― 白龍湖 ―40分― 登山口

アプローチ　登山口へ

名神高速道路米原ICから車で40分。JR東海道本線長岡駅からバス長岡登山口線途中曲谷線乗換で曲谷下車、徒歩30分。

問い合わせ先

米原観光協会 ☎0749-58-2227

伊吹山

［米原市］

静かな高原でひと足早い秋を楽しむ

いぶきやま
1377m

トレッキング適期

月
1月
2月
3月
4月
5月
6月
7月
8月
9月
10月
11月
12月

地蔵盆をすぎる頃になると、縁の下で虫が鳴きはじめ、どこかに秋の気配を感じるようになる。しかし、日中はまだまだ夏の暑さが続く。そんな頃、伊吹《いぶき》山《やま》は、すっかり秋の雰囲気である。夜間登山やキャンプなどの喧噪も遠のいて、山に静寂がもどってくる。

↑3合目まで自転車を持って上がると楽しい

　ススキの原に遊ぶ赤トンボ、遠くキラキラと輝く琵琶湖、そして薄くたなびく雲。静かな山道を歩くと、伊吹山を独り占めしたような気分になってしまう。

　三宮神社の横にある登山口から登るのは、まだ少し暑さが気になる。登山口の奥にあるゴンドラを利用して、一気に3合目まで上がってしまおう。**ゴンドラ駅**を出ると、頬にあたる秋風が心地よい。**3合目**の標高は700mあまり。下とはおよそ4度の気温差がある。

　3合目の南斜面一帯を埋め尽くしていたユウスゲの花は、8月末にはすでに終わり、白い尻尾のような花穂が風に揺れている。サラシナショウマの花である。

　白い花穂のあいだに、紫に近い濃い青色の花が見える。こちらはトリカブトの花。ご存知のように、トリカブトは猛毒の植物で、古代の人々は、鏃の先にトリカブトの根にある毒を塗って獣を倒したという。

　古事記によれば、ヤマトタケルは、父である景行《けいこう》天皇の命に

⬆風に揺れるサラシナショウマの花

より東征に出かけ、帰りに伊吹山の荒ぶる神を捕らえようと山へ登る。しかし山の神が白猪の姿で現れ、大氷雨《おおひさめ》を降らしてヤマトタケルを打ち惑わす。そして、大和へ帰る途中、伊勢で力尽きて亡くなってしまったのだという。

山の神は、実はこの地に住んでいた先住民であり、ヤマトタケルの命を奪ったのはトリカブトの毒矢であったにちがいない。伊吹山文化研究所を開いた郷土史家の福永円澄《えんちょう》さんは、そう言う。

高原に咲く可憐な花々に、古代のロマンを思いめぐらしながら、ゆるやかな山道を登っていく。**5合目**の小屋を越えたあたりから斜度がきつくなるが、草花を愛でながら登れば、疲れも気にならない。

⬆山頂に立つヤマトタケルの像

⬆ゴンドラで３合目まで上がれる

↑山頂のお花畑。琵琶湖が一望できる

8合目にある伊吹山寺の小さな祠を経て、9合目に立てば、もう**山頂**のお花畑である。盛夏に咲き誇ったイブキジャコウソウやシモツケソウ、イブキトラノオといった鮮やかな高山植物も終わり、静寂のなかに白い花がゆれている。ドライブウェイからやってくるサンダル履きの人たちの嬌声も、まばらである。思う存分、山頂の秋を楽しむことができる。

帰りは、登ってきた山道を下ることになるが、マウンテンバイクをゴンドラに乗せて3合目まであげておくと、楽しみが増える。ゴンドラの最終時間を気にする必要もない。自転車で林道を一気に駆け下りる爽快感は格別である。ただし、登山路を下りるのは危険で、すすめられない。

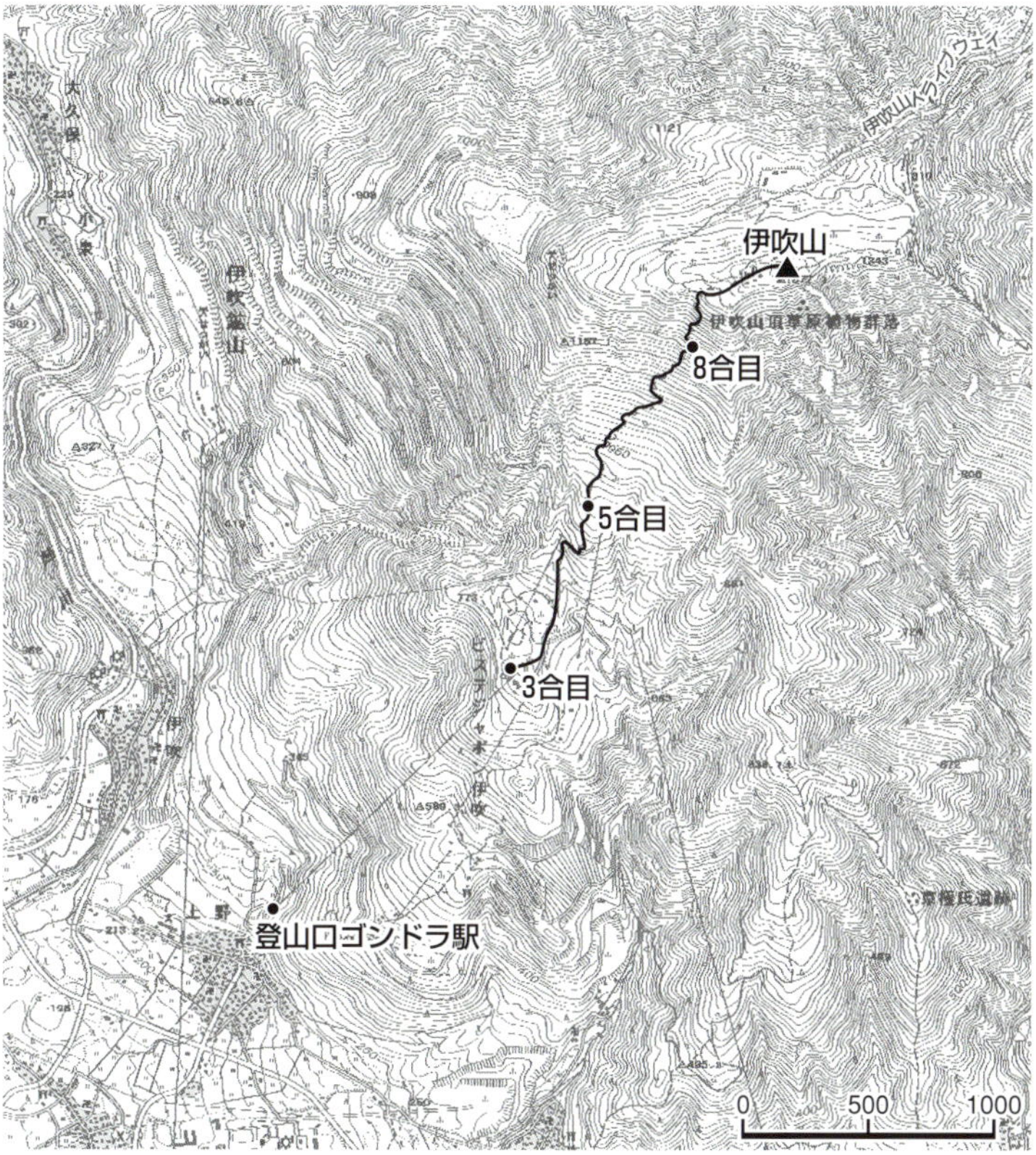

参考タイム

3合目 ——30分—— 5合目 ——40分—— 8合目 ——20分—— 伊吹山

アプローチ **登山口ゴンドラ駅へ**

名神高速道路米原ICから車で25分。JR東海道本線長岡駅からバス長岡登山口線で終点下車、徒歩5分。

周辺のおすすめスポット

【伊吹山文化資料館】 米原市春照にある伊吹山に関する自然・歴史・民俗資料館。伊吹山の植物、円空仏、山麓に暮らした人々の生活用具・生産用具などを展示。(☎0749-58-0252)

【伊吹薬草の里文化センター（ジョイいぶき）】 薬草風呂、薬草園、ハーブティを楽しめる喫茶店などがある複合施設。伊吹山を望みながらの露天風呂もある。(☎0749-58-0105)

問い合わせ先 **米原観光協会 ☎0749-58-2227**

伊吹北尾根

日本の西と東を分ける分水嶺を歩く

［米原市］

いぶききたおね
1126m

トレッキング適期

1月
2月
3月
4月
5月
6月
7月
8月
9月
10月
11月
12月

⬆国見岳のオオイタヤメイゲツ林

伊吹山《いぶきやま》から北へ派生する稜線は、伊吹北尾根と呼ばれる。伊吹山から国見《くにみ》峠まで、尾根沿いに登山道が整備されている。北近江の野から望む伊吹山は、独立峰のように屹立しているが、実は累々と北へ1000m前後の稜線が続いている。

この尾根の西に降った雨は、姉川から琵琶湖を経て、大阪湾へ流れる。東に降った雨は、揖斐《いび》川を経て伊勢湾へ流れる。言葉や食べ物などの生活文化は、伊吹山を境に西と東に分かれるといわれるが、古来、流域という地理的な要因が、文化の伝播に大きな比重を占めていたことがわかる。伊吹北尾根は、日本の西と東を分ける分水嶺なのである。

北尾根への道は、**伊吹山ドライブウェイ**の途中から始まる。終点の大駐車場から1㎞ほど手前に、車が数台置ける場所がある。このあたりから北を望むと、静馬《しずま》ヶ原と呼ばれる広々とした尾根に、はっきりとしたトレース※が見える。ガードレールを越えて急な坂道を下り切ると、あとは平坦な尾根道である。

左手の川戸《かわど》谷は、姉川の源流の一つであるが、数年前、この谷で10年ぶりにイヌワシの子ど

※トレース：踏み跡

⬆燕平から伊吹山を望む

⬆山道に咲くグンナイフウロの花

もが誕生し、伊吹山の自然を愛する人たちを喜ばせた。イヌワシは、野ウサギやテン、キツネ、ヤマドリ、ヘビなどを餌にする。餌になる動物は小動物を餌にし、小動物は虫を、虫は植物をというように、生き物たちの食物連鎖が広がっている。その頂点にいるのがイヌワシである。イヌワシの誕生は、豊かな自然の証でもある。

静馬ヶ原からゆるやかなピークを越えて、燕平《つばめだいら》と呼ばれる高原状の尾根を過ぎると、**御座《ござ》峰《みね》**に到着する。ここから次のピークである**大禿山《おおはげやま》**までは、北尾根の核心部ともいえるあたりだ。クマザサや低い樹木が多く、左右の展望がすばらしい。初秋には、淡紫色の可憐な花が山道を彩る。イブキレイジンソウというキンポウゲ科の花で、形が

⬆ドライブウェイから燕平を望む

雅楽の演奏者である伶人《れいじん》の帽子に似ているという。

　このルートの最後のピークが**国見岳**である。山頂はオオイタヤメイゲツ林のなかにあり、展望は開けないが、秋は見事な紅葉に包まれる。国見岳からゆるやかな坂道を下っていくと、銀《ぎん》助平《すけだいら》と呼ばれる平地に巨大な電波塔が立っている。ここから**国見峠**までは急坂だが、塔の保守のために付けられた階段を利用することができる。

　急坂を下り切ると、突然のように林道に出る。15年ほど前に、国見峠を越える林道が開通し、米原市上板並《かみいたなみ》から峠まで車で来ることができるようになった。ただ、台風などによる崩壊で、車の通行ができないことがある。岐阜県側の揖斐川《いびがわ》町春日美《かすがみ》束《つか》までは歩いて1時間。そこからバスで戻ることもできる。ときおり、米原市などの主催で北尾根を歩く催しがあり、その会に参加する手もある。

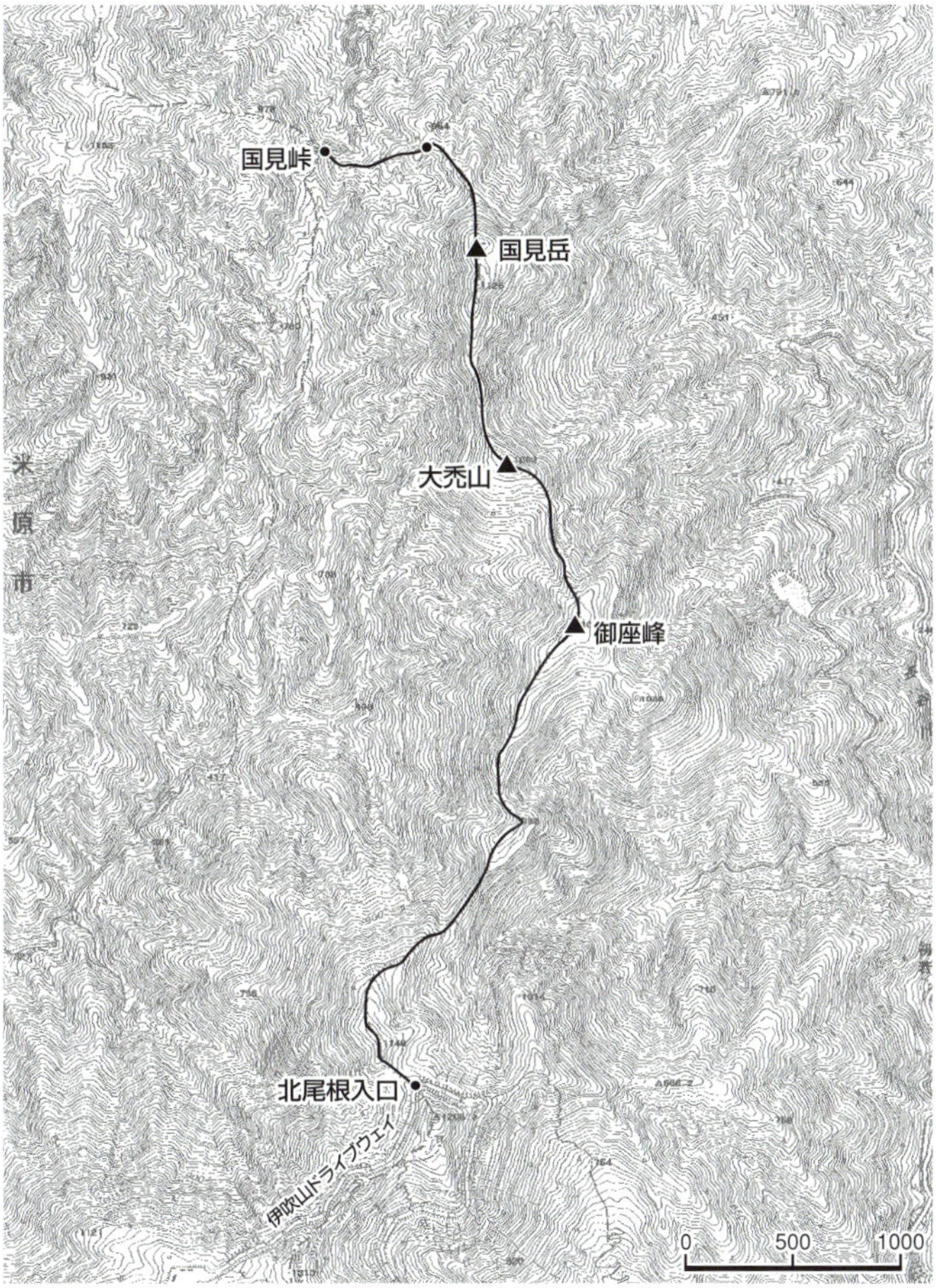

参考タイム

伊吹山ドライブウェイ ―60分― 御座峰 ―20分― 大禿山 ―30分― 国見岳 ―30分― 国見峠

アプローチ **伊吹山ドライブウェイ北尾根入口へ**

名神高速道路関ヶ原ICから車で60分。JR東海道本線関ヶ原駅からタクシー利用。

周辺のおすすめスポット

【伊吹の里 旬彩の森】 米原市伊吹にある道の駅。新鮮な旬の地野菜などを販売するコーナー、レストラン、喫茶、癒しの薬草足湯などがある。(☎0749-58-0390)

【伊吹野そば】 そば発祥の地、伊吹山麓で栽培したそば粉を自家製粉して天然の湧き水で手打ちする。おすすめは、地元の伊吹大根のおろしが絶妙なおろしそば。(☎0749-58-1712)

問い合わせ先 **米原観光協会 ☎0749-58-2227**

弥高寺跡・上平寺城跡［米原市］

壮大な古代山岳寺院と中世山城の跡

やたかじあと・じょうへいじじょうせき
７１０ｍ

トレッキング適期

1月
2月
3月
4月
5月
6月
7月
8月
9月
10月
11月
12月

北近江から眺める伊吹山《いぶきやま》は、右の肩がなだらかな山容を見せている。その尾根に沿って県境が走っており、手前にスキー場が見えるが、実は県境とスキー場との間に、もう一つ大きな尾根が南に張り出している。

その尾根の上に、古代の山岳寺院跡と中世の山城跡がある。いずれも７００ｍ前後の高地に広がる巨大な遺跡群である。はるかな歴史が刻まれた山道を歩いてみよう。

伊吹薬草の里文化センターから東に進み、広域農道を横切ると、柿の木が点在する畑の向こうに弥高《やたか》の集落が見えてくる。弥高は、柿の産地として知られている。集落を迂回するように道を左手に登ると、真言宗の古刹、**悉地院**《しっちいん》が現れる。お寺の先は舗装されていない林道が続いているが、車はお寺の横に置いておこう。

植林された針葉樹の林を縫うように、林道を歩くこと約50分、**林道終点**の広場に到着する。左手に「弥高寺《やたかじ》跡」と書かれた標識があり、よく踏まれた山道を10分ほど登ると、「大門」という標識に出合う。弥高百坊といわれる**寺跡**の入口である。

周囲は一面に伐開され、平地状の坊跡が何段も上方に続いている。中央を貫くように通路が伸び、いちばん上方に本坊跡がある。本坊跡は広い平坦地で、60を超える坊跡群を望む扇の要の位置にある。

弥高寺は平安時代中期に建てられ、太平寺《たいへいじ》、長尾寺《ながおじ》、観音寺《かんのんじ》とともに伊吹四大寺と称され、その中心寺院として栄えたが、16世紀の初め、兵火のために焼失したという。

15世紀、近江佐々木氏の流れをくむ京極《きょうごく》氏は、湖南の六角《ろっかく》氏を凌ぐ勢いを得、近江国の守護に任ぜられる。そして、麓にある上平寺に居館を設け、中腹に山城を築いた。

一説では、弥高寺は、京極氏やその後の戦国武将によって、山城としても利用されたといわれる。

前方には、霊仙山《りょうぜんやま》がどっしりと構えている。その手前に、国道365号を往来する車が手に取るように見える。中山道と北国脇往還《ほっこくわきおうかん》を制する、要衝にあったことがわかる。

弥高寺跡から平行移動するように、20分ほど東へ山道をたどると**上平寺《じょうへいじ》城跡**がある。桐《きり》ヶ城、あるいは苅安《かりやす》城ともいわれた京極氏の山城跡である。本丸、二の丸、三の丸といった曲輪《くるわ》跡、堀切や土塁などが、当時の壮大な山城の規模を伝えている。

山城跡からの下りは、上平寺の人たちによってよく整備された山道をたどる。針葉樹の森を下ること約30分、上平寺伊吹神社の鳥居の前に出る。**京極氏の居館跡**は、そのそばにある。最近、地元の人たちの熱意が実って当時の居館と庭園の調査が行われ、国の史跡に指定された。往時は、山を借景にした美しい庭であったと思われる。

⬆麓にある真言宗の古刹悉地院

⬆上平寺には京極氏の居館跡がある

参考タイム

悉地院 ―50分― 林道終点 ―10分― 弥高寺跡 ―20分― 上平寺城跡 ―30分― 京極氏居館跡 ―5分― 上平寺集落

アプローチ **悉地院へ**

名神高速道路関ヶ原ICから車で15分。JR東海道本線関ヶ原駅から徒歩でバス停病院口にてバス名神関ヶ原線乗車、弥高下車、徒歩10分。

問い合わせ先

米原観光協会 ☎0749-58-2227

源氏山［米原市］

秀吉が植えた杉並木のある山城跡

げんじやま
225m

トレッキング適期
1月
2月
3月
4月
5月
6月
7月
8月
9月
10月
11月
12月

米原市の大原荘《おおはらのしょう》といわれたあたり一帯には、標高が300mに満たない低山が多い。お椀を伏せたような、こんもりとした、という表現がぴったりの里山群である。だが登れる山は少ない。少し無理をして登っても、山頂からの見晴らしが利かない。人里のすぐ近くにあっても、人が山へ入らないからだろう。

だが、三島池周辺に点在する里山には、しっかりとした道の付いている山がいくつかある。近くには、グリーンパーク山東《さんとう》というスポーツゾーンが整備されており、散歩気分で低山へ登るには最適のところだ。

源氏山《げんじやま》もそんな里山の一つで、西山という麓の集落を取り囲むように、その西側に広がっている。西山は、JR東海道本線の駅がある長岡に接する小さな町である。

山の麓に沿って、町のなかの細い道を歩くと、**西山**の鎮守である**八幡神社**がある。まず眼を奪われるのは、天を突くようにそびえる杉並木である。石の鳥居から山へ向かって急な石段が続き、両側に杉の巨木が林立している。

この杉並木には、秀吉にまつわる言い伝えが残されている。いわく、秀吉は長浜城主であった頃から源氏山八幡宮を崇敬していたが、後に八幡宮へ安産の祈願をしたところ秀頼《ひでより》が生まれたので、そのお礼として薩摩国から杉の苗木を取り寄せ源氏山に植えたのだという。

樹高は40mほどもあるだろうか。古いもので樹齢300年以上といわれ、県の自然記念物に指定されている。石段の両側に17本の杉の木が並んでおり、その隙間を縫うように石段を登っていくと本殿が現れる。

本殿の左手に、山を巻くよう

に遊歩道が続いており、照葉樹の森のなかを登っていく。やがて、南側の眺望が利く中腹に出る。源氏山もこの地域の低山と同様に、中世の山城があったところといわれ、中腹の平坦地はその**曲輪《くるわ》跡**と見られている。

中腹の平坦地から山頂までは中低木の明るい山道で、冬の晴れた日には低山遊歩が楽しめる絶好のコースである。西山城跡とみられる**山頂**には東屋があり、東や南の方面の展望が得られる。白銀の伊吹山《いぶきやま》や霊仙山《りょうぜんやま》が間近に見え、すぐ下には新幹線が走っている。

存分に展望を楽しんだあとは、木の階段を北側へ下りていこう。途中、道は二股に分かれており、左へ進むとグリーンパークの一角へ下りられる。右手へ進むと、尾根に沿って葉を落とした落葉樹の明るい林が広がっている。

フワフワとした落ち葉のなかを歩く心地よさは格別だ。少しの時間さえあれば、このような低山でも爽快な気分が味わえる。もう少し歩きたいと思うのだが、すぐに山道は終わり、**秋葉神社**の小さな祠のそばに出る。

⬆参道の石段に杉の巨木が林立する

参考タイム

西山八幡神社 —15分— 曲輪跡 —15分— 源氏山 —20分— 秋葉神社

アプローチ **西山八幡神社へ**

名神高速道路米原ICから車で15分。JR東海道本線近江長岡駅から徒歩15分。

問い合わせ先

米原観光協会 ☎0749-58-2227

米原市

清滝山 ［米原市］

大迫力の伊吹山と霊仙山を望む展望台

きよたきやま
439m

トレッキング適期

1月
2月
3月
4月
5月
6月
7月
8月
9月
10月
11月
12月

残雪に輝く伊吹山《いぶきやま》と霊仙山《りょうぜんやま》を間近に望める、展望台のような山がある。米原市柏原《かしわばら》の北にある清滝山《きよたきやま》である。

柏原から関ヶ原にかけての地形は、伊吹山系と鈴鹿山系に挟まれた廊下のようだ。その一帯に国道や高速道路、鉄道が集中して流れている。清滝山は、その流れの真ん中に大きな岩を置いたように構えている。

このあたりは古代から交通の要衝で、古くは東山道、江戸期になると中山道が清滝山の麓を通っていた。柏原は、東国から関西に入った最初の宿場町である。

鎌倉時代、近江国の守護佐々木信綱《のぶつな》の四男氏信《うじのぶ》は、京極《きょうごく》氏を称して柏原に居館を置いた。そして清滝山の麓に寺を建て、料田を寄進して菩提寺とした。清《きよ》滝寺《たきでら》ともいわれる**徳源院**である。徳源院には、京極家代々の墓があるだけでなく、湖北で唯一の三重塔があり、清滝山を背景にした庭園も見事である。境内には、婆娑羅《ばさら》大名京極導誉《どうよ》のお手植えといわれる道誉桜もあり、桜のころは目映いばかりだ。

清滝山への登りは、徳源院と隣の清滝神社の間から始まる。芽吹きを待つ山は、まだ冬の装いである。葉を落とした林を抜け、かさこそと落ち葉を踏みしめて歩く。小さな流れをさかのぼって、ジグザグの山道を40分ほど登ると**尾根**に出る。ここからゆるやかな尾根を10分ほど歩くと**山頂**だ。

まず目を奪われるのは、伊吹山と霊仙山の圧倒的な大きさである。北に白銀に輝く伊吹山、南には鏡餅のような山容の霊仙山。その勇姿が、目の前に迫ってくる。

その眺めを独り占めしたあと、山頂の隅を見ると、お地蔵様がおられるのに気づく。清滝では、毎年お盆の夜に大松明《おおたいまつ》という火祭りがある。何人もの若者が大松明を担いで、山道を駆け下りる勇壮な行事である。若者たちは、お盆の日、お地蔵さんの前でお酒を酌み交わし、暗くなるとお地蔵さんの灯明を持って山を下り、中腹で大松明に火をつける。

下山路は、灯明が下りる道をたどる。登ってきた道とは反対の方向になる。山頂からしばらくは、雑木林が広がるなだらかな尾根道が続く。やがて「しめの尾」と記された木の標識に出合う。桜の季節が過ぎたころ、このあたりの明るい林床に、小さな薄紅色の花が群がり咲いているのを見つけることができる。イワウチワの花である。北近江で、これだけの群生地を見ることはまれだ。人里からほどよい遠さにあり、荒らされることが少ないからだろう。

さらに下っていくと、「山の神」と記された標識が立っている。そこからはかなりの急坂になるが、道の両側はムラサキツツジで彩られる。屋根道を30分ほど歩くと、清滝の集落の東に出る。徳源院は集落の西にあたり、ぐるっと、一周してきたことになる。

⬆残雪の伊吹山が間近に見える

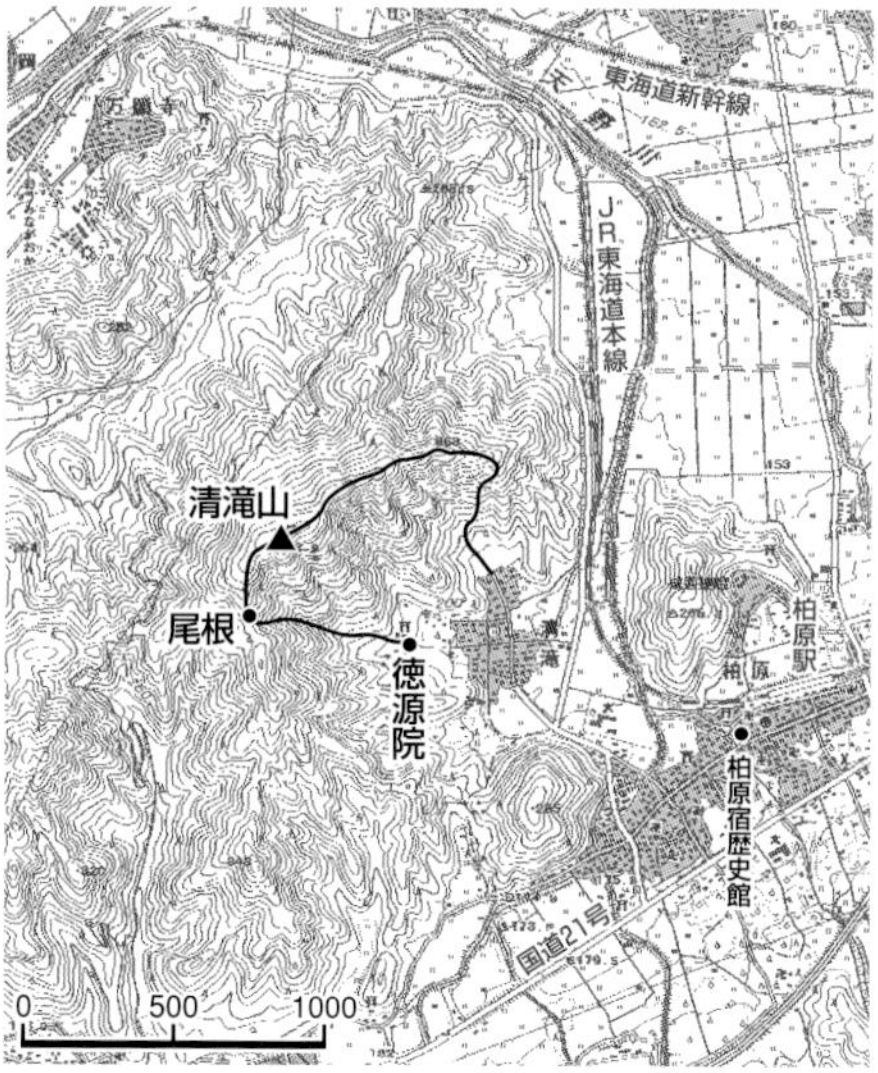

参考タイム

徳源院 ―40分― 尾根 ―10分― 清滝山 ―30分― 徳源院

アプローチ 徳源院へ

名神高速道路米原ICから車で15分。JR東海道本線柏原駅から徒歩30分。

問い合わせ先

米原観光協会 ☎0749-58-2227

日撫山［米原市］

古代の豪族息長氏の本拠にある山

ひなでやま
250m

トレッキング適期

1月
2月
3月
4月
5月
6月
7月
8月
9月
10月
11月
12月

米原市顔戸《ごうど》の国道8号沿いから東を望むと、こんもりとお椀を伏せたような小さな山が見える。日撫山《ひなでやま》といい、顔戸山とも呼ばれる。このあたりは、古代の豪族息《おき》長《なが》氏の本拠があったところで、息長氏にまつわる史跡が多い。

麓の**日撫神社**は、息長氏の出身という神功《じんぐう》皇后が祠を建て、父である息長宿禰《すくね》王と少彦名《すくなひこなの》命《みこと》を祀ったことにはじまるという。東の能登瀬《のとせ》に鎮座する山津《やまつ》照《てる》神社も、息長氏との関わりが深い。両神社を結ぶ一帯には、歩きやすいハイキングコースが整備されている。

顔戸の集落のなかほどに、大きな石の鳥居が建っている。日撫神社への参道の入口である。鳥居を抜けて東へ進むと、左手に二の鳥居が現れる。神社は深い照葉樹林におおわれ、近くを北陸自動車道が通っているが、森閑とした静けさにつつまれている。

境内には相撲の土俵があり、毎年9月15日に角力《すもう》踊りという神事相撲が奉納される。承久《じょうきゅう》の乱のころ、後鳥羽上皇が参拝して、村人の相撲をご覧になったという。800年も前の話が、昨日のことのように語られる地なのである。

登山口は土俵の脇にあり、木の階段がついている。登りはじめは少し急だが、それもすぐに終わる。二股になった道を左手に取ると、山の中腹を巻くようにゆるやかな道になり、前方に琵琶湖が見えてくる。

やがて、頭上に張り出した大きな岩に出合う。**婆さん岩**と呼ばれるが、由来はわからない。しばらく行くと、一本松と呼ばれる大きなアカマツの木が現れる。このあたりは、平成13年におこなわれた湖国21世紀記念事業の一環で、地元の人たちがマツタケの栽培を試みたところだが、いまは雑草が生い茂っている。マツタケの栽培は、よほどの根気が必要なのだろう。

　やがて西登山口からの登りと合流し、一気に木の急な階段を登りつめると、アミダビ遺跡に到着する。ベンチがあり休憩のポイントで、最近地元の人たちの手で展望台がつくられた。

　さらに、すこし下って日撫神社への下山路と分かれると、もう一度急な登りが待っている。登りつめた先が、**一の城跡**と呼ばれる山頂である。360度のすばらしい展望で、琵琶湖や伊《い》吹山《ぶきやま》、霊仙山《りょうぜんやま》はもちろん、遠く湖西の山々や鈴鹿の山々も見渡すことができる。眼下には、中山道と北国《ほっこく》街道も手に取るように見える。この城跡は、中世、近くにあった城館の砦《とりで》として使われたようだが、狼煙《のろし》台としても利用されたのではないだろうか。四囲の山城からも、ひと目でわかる山だ。

　山頂を下り尾根沿いをたどると、日光寺の北野神社や、やまんばの森へ行くことができる。途中で右手への道を下ると、**日撫神社**へ下りられる。

⬆一の城跡から琵琶湖を望む

⬆後鳥羽上皇も観覧した日撫神社の相撲神事

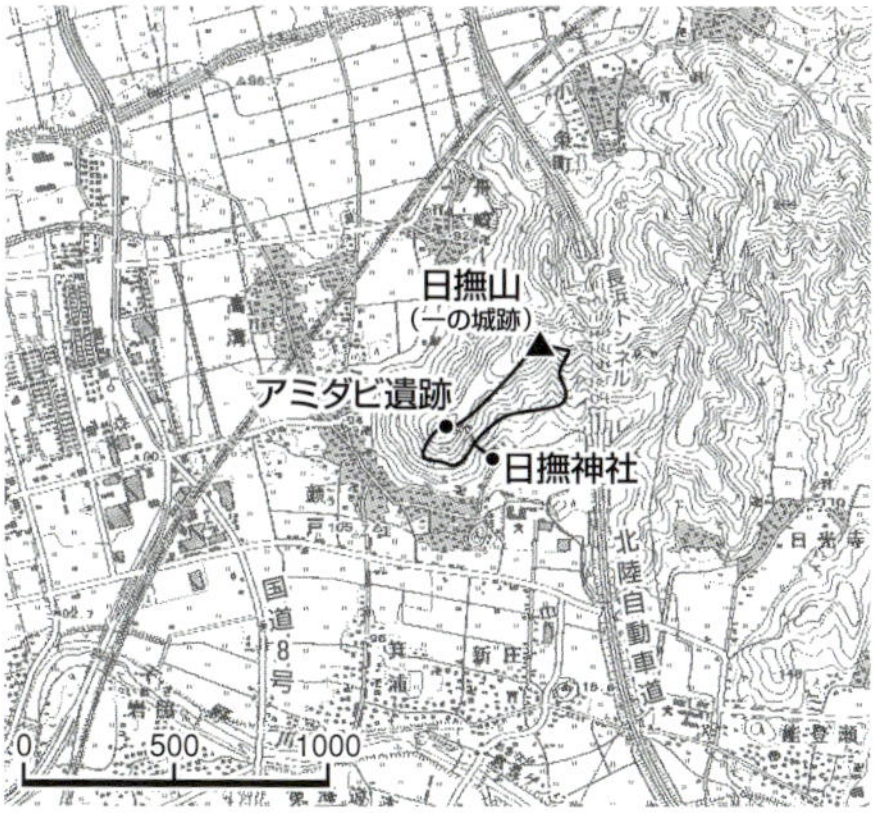

参考タイム

日撫神社 ―15分― 婆さん岩 ―10分― アミダビ遺跡 ―20分― 日撫山（一の城跡）―20分― 日撫神社

アプローチ 日撫神社へ

名神高速道路米原ICから車で10分。JR北陸本線（琵琶湖線）坂田駅から徒歩20分。

問い合わせ先

米原観光協会 ☎0749-58-2227

やまんばの森

NPOの手でよみがえる明るい里山

［米原市］

やまんばのもり
261m

トレッキング適期

1月
2月
3月
4月
5月
6月
7月
8月
9月
10月
11月
12月

里山とは、人里の近くにある山のことだ。人の手が加わった半自然の二次林で被われている。クヌギやコナラなど、落葉性のブナ科の木を中心とし、痩せ地に生えるマツなどが加わった混交林である。

北近江では、人里に近い低山は人の手が加わらなければ、シイやカシといった常緑広葉樹林で被われるはずである。照葉樹林帯に属するから、自然植生に任せれば鎮守の森のような少し暗い森になるのだ。

一方、里山は燃料や肥料として落葉や枝を拾い、下草を刈り、木を伐採してきた森だから、落葉広葉樹とマツが混ざった明るい森である。しかも四季折々に美しい。先人たちの連綿とした営みによって、美しい里山が維持されてきたのである。

その里山が、いま消滅しようとしている。皮肉なことに、里山という言葉は、その存在が問われだしてから使われるようになった言葉である。灯油やガスという便利な燃料が、わたしたちの暮らしに入ってきたのは、昭和40年ころのことだ。人が山に入らなくなったのは、それ以後である。

そんな里山をよみがえらせようと、地道な取り組みが米原市日光寺《にっこうじ》でおこなわれている。やまんばの会という、ユニークなボランティア団体の活動である。日光寺は、あまんぼうといわれる干し柿の産地として知られる。秋、日光寺の集落を訪れると、大きな干し柿の小屋組みが迎えてくれる。

集落の右手を迂回して、山裾に沿った道を北へ進むと、**東屋**が見えてくる。やまんばの森の入口である。ビオトープ風につくられた水の流れをさかのぼると、雑木林に囲まれた美しい溜め池が現れる。池の奥には、**ログハウス**風の建物が見える。こ

↑明るい雑木林の尾根道

↑山の麓にある大きな溜め池

参考タイム

東屋 —10分— ログハウス —20分— 尾根 —10分— 三叉路 —20分— 北野神社

アプローチ 日光寺へ

北陸自動車道米原ICから車で10分。JR北陸本線（琵琶湖線）坂田駅から徒歩30分。

問い合わせ先

米原観光協会 ☎0749-58-2227

の一帯が、やまんばの会の活動の拠点になっている。

池と雑木林のあいだに、明るい山道が続いている。建物の前を通り過ぎ、間伐材で作られた木道を森の奥へ進んでいく。周囲の森は明るく美しい。やまんばの会の人たちが、地道に手入れをしている賜物である。

道は徐々に斜度を増して、つづら折りの山道になる。**尾根**に出て、ゆるやかな尾根道を左手に取る。振り返ると、眼下に米原市山室《やまむろ》の集落が望める。やがて**三叉路**のピークに出る。右手を取れば、横山丘陵の稜線を北の長浜方面へ進む。左手に取ると、西の日《ひ》撫山《なでやま》方面だ。左手の道を下っていくと、日光寺の鎮守である**北野神社**の境内に出る。

やまんばの会の活動は貴重である。いまの時代、里山には経済活動とリンクして成り立つ仕組みがないため、その保全には息長く取り組む覚悟が求められる。

ここに、美しい里山が復活することを祈りたい。多くの人が週末にふるさとの山に入り、トレッキングを楽しむようになれば、里山も復活するだろう。

カブト山［米原市］

オオムラサキが舞う雑木林の山

かぶとやま
284・6m

トレッキング適期
1月 2月 3月 4月 5月 6月 7月 8月 9月 10月 11月 12月

米原市の醒井《さめがい》から北を望むと、天野川の対岸にカブト山が望める。山頂に岩肌を見せる山容は、大げさだが、ちょっとアルペン的な雰囲気を感じさせる。カブト山という名は、その形から来ているのだろう。

　といっても、カブト山は醒井の山というより、むしろ山の西側にある米原市多和田《たわだ》の里山である。オオムラサキが舞う美しい里山であるが、それは、ひとえに多和田の人たちが地道に山の手入れをしてきたおかげである。

　なぜ、カブト山にオオムラサキが多いのか。その疑問は、山に登ればすぐにわかる。美しい雑木林で覆われているからである。

　オオムラサキは、落葉広葉樹の恵みを受けて育つ。だから、雑木林の英雄と呼ばれる。前の年に、落葉の下で冬を越した幼虫は、春になるとエノキの葉を食べて成長する。そして7月中旬に羽化し、コナラやクヌギなどの樹液を吸いながら、1ヶ月ほどの華やかな季節を迎える。

　町の中央に、昔の小学校のような下見板張りの**公民館**がある。そこから100mほど北へ行くと、酒屋さんがある。オオムラサキを守る会を主宰する樋口善一郎さんのお宅で、在宅のときはお話を聞くことができる。そこから山側を見ると、オオムラサキの観察小屋が建っており、その横が**北登山路の入口**である。

　なだらかな山道を歩きはじめると、この山の美しさに感激するはずだ。登山路には雑草がほとんど生えていない。道の両側にはドウダンツツジの木が植えられ、その周辺はクヌギ、アベマキ、エノキ、コナラといった、明るい雑木林が広がっている。北近江で、これほど手入れの行き届いた里山はないといってもいい。

そんな気持ちのよい山道を30分あまり登ると、苔むした岩が散在する風景に出合う。広大な枯山水の庭園をめぐっているような雰囲気である。残念ながら山頂は樹木に覆われ、眺望は利かない。ピークを下りていくと、再び大小の岩が露出した場所に出る。**環状列石群**と呼ばれる謎の景観である。長径150m、小径50mあまりもある楕円形の列石の輪が、尾根上に形成されているのだ。この列石群の由来には、古代の山城や高地性の集落などの諸説があるが、明らかではない。

再び明るい雑木林のなかを下っていくと、小さな祠のある広場に出る。広場からは、多和田の家並みの向こうに天野川と琵琶湖が一望である。そこを下りると、南からの登山口である**大寶《たいほう》神社**の境内に出る。

風のない薄曇りの日、カブト山に登ってみよう。きっと、青紫色の清楚な蝶に出会える。暑さを忘れるような、さわやかな気分を味わえるだろう。秋には、ドウダンツツジの見事な紅葉に出会うことができる。

⬆南の醒井から仰ぐカブト山

⬆麓にある大寶神社

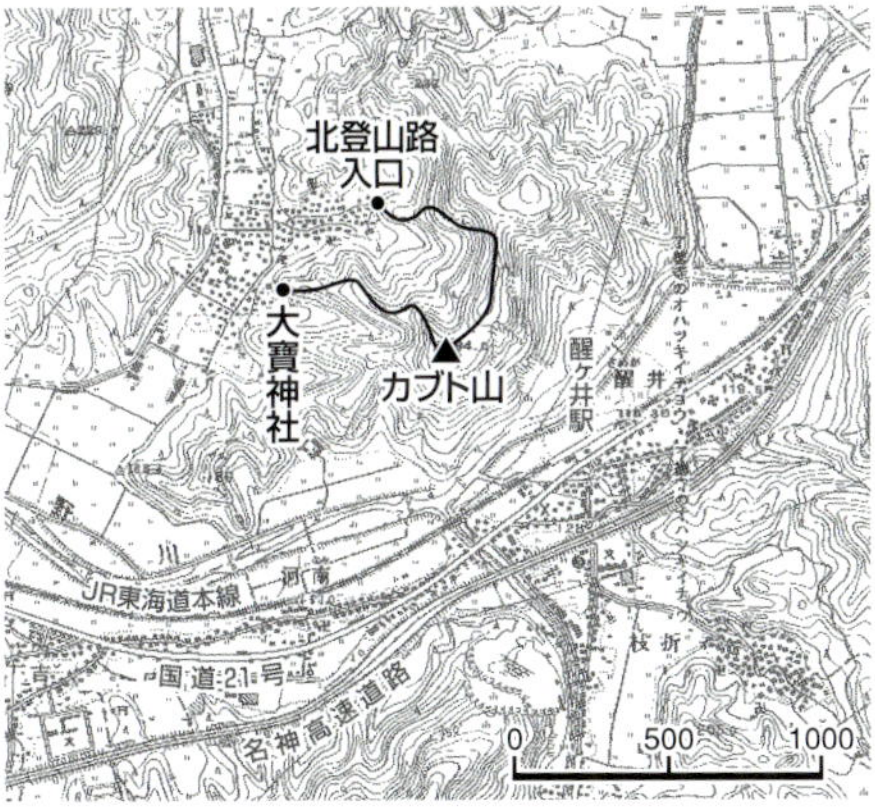

参考タイム

公民館 —5分— 北登山路入口 —35分— カブト山 —10分— 環状列石群 —20分— 大寶神社

アプローチ 多和田へ

名神高速道路米原ICから車で10分。JR東海道本線（琵琶湖線）醒ヶ井駅から徒歩45分。

問い合わせ先

米原観光協会 ☎0749-58-2227

磯山［米原市］

日本武尊を祀る古社がある湖岸の山

いそやま
163m

トレッキング適期

月
1月
2月
3月
4月
5月
6月
7月
8月
9月
10月
11月
12月

磯山《いそやま》は、標高200mに満たない超低山である。琵琶湖の標高が85mほどだから、比高も100mに満たない。でも、真冬のトレッキングコースの一つとして、ぜひ加えたい山だ。凛と澄みきった冬の日、山頂から眺める白銀の峰々と夕日に輝く琵琶湖は、息を呑むほどの美しさだ。登る容易さと得られる風景の落差から、忘れられない印象を持つことだろう。

　磯山の歴史は古い。この山からは、縄文早期の様式である土器や石器が獣骨や魚骨とともに出土している。石器には、隠岐《おきの》島《しま》を原産地とする黒曜石や、奈良の二上山《ふたかみやま》が原産地であるサヌカイトを材料とするものがあるという。有史以前から、交通の要衝にあったわけである。

　磯山の北には入江内湖《ないこ》があり、南には松原内湖があった。これらの内湖が埋め立てられるまで、磯山は琵琶湖に突き出た小さな半島だった。半島の突端には、**烏帽子岩**《えぼしいわ》と呼ばれる大小の巨岩が並んでいる。いまよりも、はるかに景勝の地だったのだろう。

　紫式部は、父藤原為時の越前への赴任に同行するため、琵琶湖を船で渡った。そして、大津から船に乗り塩津《しおつ》の湊へ向かう途中、磯の沖で歌を詠んでいる。

　磯がくれ　おなじ心に鶴《たづ》ぞなく
　汝が思い出づる人や誰ぞも

　磯山に登ると、この山が、琵琶湖に沿った浜街道を押さえる位置にあるだけでなく、湖上を航行する船を見張る絶好のポイントでもあったことがわかる。磯山は、浅井亮政《あざいすけまさ》の時代、すでに浅井方の城が築かれていたという。しかし、それ以前から湖と街道を見張る重要な砦《とりで》としての機能を持っていたに違いない。

　烏帽子岩のある浜から湖岸道

路を横切り、**磯崎神社**の鳥居をくぐると長い石段が始まる。石段を登りきり、拝殿と本殿がある境内から琵琶湖を望むと、眼下に烏帽子岩が見え、その先に小波《さざなみ》立つ琵琶湖が広がっている。磯崎神社は日本武尊《やまとたけるのみこと》を祀っており、別の名を白鳥《しらとり》神社という。この周辺が、古代の豪族息長《おきなが》氏の本拠地であったことを考えると、想像がふくらむ名前だ。

境内の東端に、尾根に登る山道への入口がある。ここからなだらかな山道を10分ほど歩くと、小さな祠のある平坦地に着く。北側の見晴らしが開け、湖岸に沿って弧を描きながら、磯から朝妻筑摩《あさづまちくま》へと、砂州《さす》に沿って開けた町並みが望める。はるか県境の峰々は、白銀に輝いている。

すぐ奥にある**三等三角点**を過ぎてしばらく歩くと、**遺跡**の一つと思われる平坦地が現れる。尾根上のルートには、目印になる赤いテープが付けられており、ゆるやかなアップダウンのある尾根道を先へ進むと**最高点**に着く。ただし、こちらの見晴らしは、前の2ヶ所ほど十分ではない。

⬆山頂から北湖と県境の峰々を望む

⬆磯崎神社への長い石段

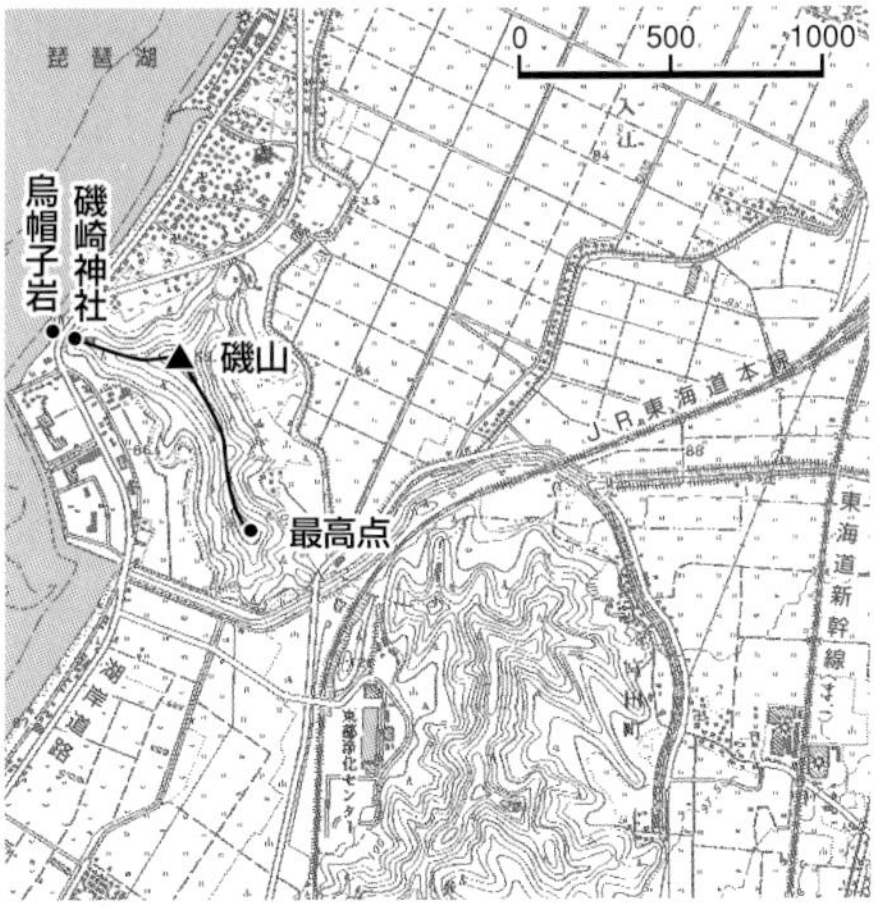

参考タイム

烏帽子岩 ―5分― 磯崎神社 ―10分― 三等三角点 ―5分― 遺跡 ―20分― 最高点

アプローチ 磯崎神社へ

名神高速道路米原ICから車で10分。JR東海道本線（琵琶湖線）米原駅から徒歩40分。

問い合わせ先

米原観光協会 ☎0749-58-2227

太尾山 ［米原市］

古刹と神社の背後に琵琶湖を望む城跡

ふとおやま
254m

トレッキング適期

1月	2月	3月	4月	5月	6月	7月	8月	9月	10月	11月	12月

かつて、米原駅の西側は、一帯が琵琶湖の内湖《ないこ》であった。駅の東には、北国《ほっこく》街道に沿って町並みが帯のように続いている。町並みの東は、すぐ山である。内湖と山に挟まれるように北国街道が通り、鉄道や国道が走っていたのである。

国道8号を米原駅の反対方向へ折れて、ゆるやかな坂道を上っていくと、すぐに北国街道の古い町並みと出合う。そこを越えると、100mあまりで道は途切れ、古いお寺が現れる。枯山水の庭園で知られる青岸寺《せいがんじ》である。その背後にある山が太尾山《ふとおやま》である。

青岸寺は、南北朝期、京極導誉《きょうごくどうよ》が祈願所にしたという古刹である。背後の太尾山を借景にした庭は、新緑や紅葉の時期にぜひ訪れたい。大小無数の岩を組み合わせて配し、杉苔が石組みの間を流れるように覆っている。深山幽谷《しんざんゆうこく》の趣で、すぐ近くを国道が通り、新幹線が走っているとは思えない。

青岸寺から山裾に沿って南へ歩くと、湯谷《ゆたに》神社の境内に出る。毎年秋に行われる曳山《ひきやま》祭りには、3基の山車《だし》が町を練り歩く。長浜曳山祭りと同じように、山車のうえで子どもたちが演ずる歌舞伎は華やかである。

湯谷神社の鳥居を抜けて、本殿を左手に見ながら奥へ進むと、太尾山の登山道が始まる。境内の池に流れ込む小川に沿って歩き、やがて右手の山腹に取りつくと、道は一気に急登になる。斜面を横切るように、徐々に左手に登っていき、ちょうど神社の裏手あたりで、見晴らしの利く尾根に出る。

尾根に出ると道はゆるやかになり、西側の展望が開けて、気持ちのよい低山遊歩を満喫することができる。北へ向かってしばらく進むと、山城の堀切や曲《くる》輪《わ》の跡が現れる。

　室町時代、この一帯が常に京極氏と六角《ろっかく》氏の最前線にあったことから、**太尾山城**は、この地域にあった他の山城と同様に、軍事的な拠点としての機能を持っていた。西側に北国街道が通り、東側には中山道が通っている。両街道を睨む絶好の位置にあったのだ。


　近年、この城跡で建物を支えた礎石がいくつも見つかっている。16世紀後半の土師器《はじき》の皿や、瀬戸美濃の天目《てんもく》茶碗なども出土したという。浅井《あざい》氏が北近江の実権を握っていた時代に、南への前線基地として礎石を用いた城郭が築かれたのだろう。

　城跡を過ぎると、**盗人《ぬすっと》岩**と呼ばれる大きな岩が、尾根道を塞ぐように横たわっている。ここは絶好の展望台である。岩の上に立つと、北国街道に沿った町並みや米原駅が一望でき、干拓地の向こうに琵琶湖が広がっている。

　盗人岩から北へ進み、米原市西円寺《さいえんじ》へ向かう道と分かれて左手に下りていくと、**青岸寺**の横に出る。

⬆大小の岩と苔が美しい青岸寺庭園

⬆山頂にある中世の城跡

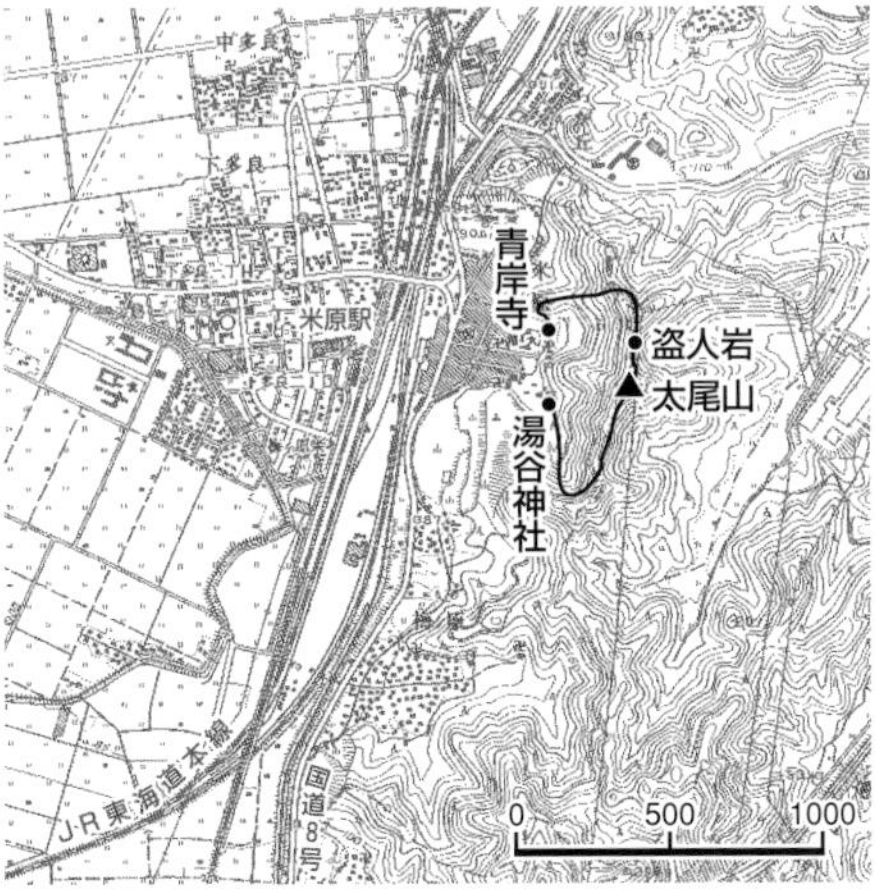

参考タイム

湯谷神社 ―30分― 太尾山城跡 ―10分― 盗人岩 ―30分― 青岸寺

アプローチ　湯谷神社へ

名神高速道路米原ICから車で10分。JR東海道本線（琵琶湖線）米原駅から徒歩5分。

問い合わせ先

米原観光協会 ☎0749-58-2227

⬆城跡の入口にある大堀切

⬆番場の人たちが復元した「水の手」

Kamahajo seki 全域地図——D5

鎌刃城跡

［米原市］

滝から水道が引かれた中世山城跡

かまはじょうせき
384m

トレッキング適期

1月
2月
3月
4月
5月
6月
7月
8月
9月
10月
11月
12月

近江は、中世から近世にかけての城郭が1300を数えるという。多くは山城であるが、とりわけ旧坂田郡である米原市にはその数が多い。北近江を支配した京極《きょうごく》氏と、南近江の六角《ろっかく》氏を分ける位置にあったからである。一帯を中山道や北国《ほっこく》街道といった幹線が貫いていたことも、大きな要因だろう。

米原市**番場**《ばんば》の山上にある鎌刃《かまは》城は、北近江では小谷《おだに》城に次ぐ規模をもつ典型的な中世山城である。かつて殿屋敷があったという番場は、中山道に沿って1km以上も町並みが続いている。町は東番場と西番場に分かれ、東西の町の境で家並みが途切れる。鎌刃城跡への登山道は、ここから始まる。東を仰ぐと、霊仙山《りょうぜんやま》がゆったりとした山容を見せている。鎌刃城跡は、その前峰として派生する尾根の一角にある。

街道を東へ折れて田んぼのなかの道を進み、名神高速道路の下をくぐり抜けると、見事なマダケの林が広がっている。竹林をすぎると、続いてアカマツの林があらわれ、やがてクヌギやコナラの明るい雑木林になる。まばゆい新緑の中を登ってい

↑番場の町から見る鎌刃城跡

↑城跡は国の史跡に指定されている

くと、20分ほどで尾根に出る。ここで、道は**蓮華寺《れんげじ》から登ってくる道**と合流し、ゆるやかな山道になる。このあたりから、右手の展望が一気に開ける。

眼下に名神高速道路が走っている。激しく往来する車の喧噪も、ここまでは届かない。高速道路の背後にある太尾山《ふとおやま》がすでに低く見え、その向こうに淡《あわ》あわとした琵琶湖が広がっている。琵琶湖の展望を楽しみながらの、快適な低山遊歩である。

西番場へ下りる分岐点を過ぎると、まもなく**鎌刃城跡の入口**に着く。最初に現れるのは大堀切。尾根を馬の鞍のように削り、北からの防御の要としたところだ。そこを登りきると、櫓《やぐら》や大手門があったという曲輪《くるわ》が、尾根に沿って階段状に**主郭**まで続いている。

曲輪の一角に大きな壺が置かれ、竹樋から水が滴り落ちている。往時、ここには水の手と呼ばれる井戸があったという。南にある清龍《せいりゅう》の滝から、数百mもの距離を竹樋で水を引いていた。近年、番場の人たちがその

米原市

仕組みを復元したのだ。

　主郭に立つと、北近江の平野が一望である。番場から中山道を東へ取れば、醒井《さめがい》、柏原《かしわばら》を経て美濃へ通じる。西へは、摺《すり》針峠《はりとうげ》を越えて彦根へ向かう。

　鎌刃城は、応仁の乱のころに築かれ、その後、京極方から六角、浅井《あざい》、織田と、めまぐるしく城主が入れ替わっている。戦国武将にとって、いかに重要な戦略拠点だったかを物語っている。

　主郭から**清龍の滝**へは、鎌の刃のような狭い尾根道をたどる。ぜひ立ち寄っていきたい。

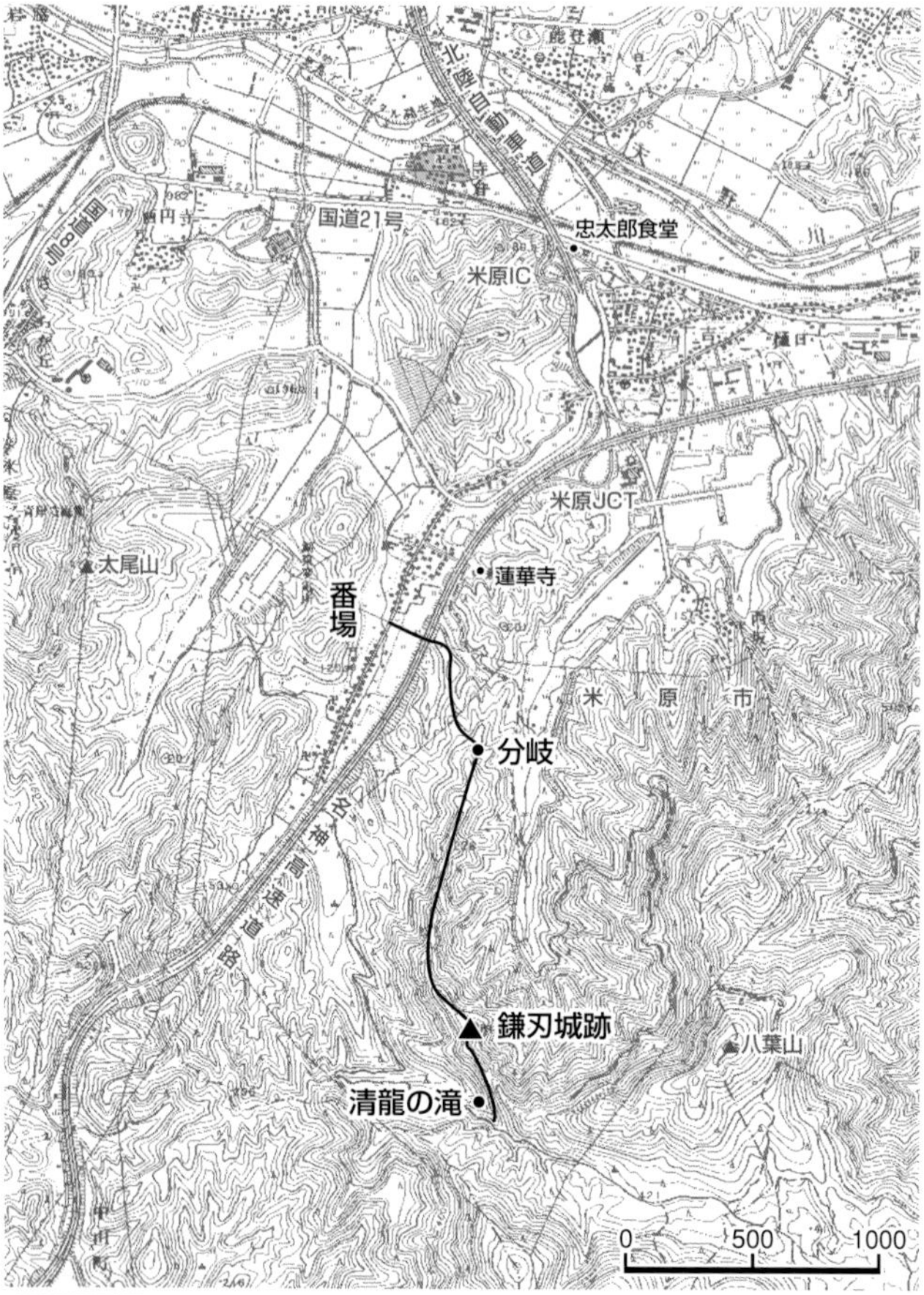

参考タイム

番場 ―(20分)― 蓮華寺道との分岐 ―(20分)― 城跡入口 ―(5分)― 主郭 ―(15分)― 清龍の滝

アプローチ **番場へ**

名神高速道路米原ICから車で５分。JR東海道本線（琵琶湖線）米原駅からバス醒ヶ井養鱒場線で番場下車。

周辺のおすすめスポット

【蓮華寺】南北朝時代、北条仲時以下432人が自刃したという米原市番場にある寺。長谷川伸の「瞼の母」で有名な番場の忠太郎ゆかりの寺でもある。(☎0749-54-0980)
【忠太郎食堂】国道21号に面した昔ながらの大衆食堂。大盛りのごはんとお味噌汁、目玉焼きと漬物といった朝ごはんもある。(☎0749-54-1166)

問い合わせ先 **米原観光協会 ☎0749-58-2227**

松尾寺山

空を飛ぶ仙人が住んだ修験道の山

［米原市］

まつおじやま
504m

トレッキング適期
1月
2月
3月
4月
5月
6月
7月
8月
9月
10月
11月
12月

⬆松尾寺の曼陀羅堂と九重塔

米原市醒井《さめがい》に近い山のうえに、松尾寺《まつおじ》という古刹がある。平安初期の僧三修《さんじゅ》のそばで仕えた松尾童子が、創建したお寺だという。三修は、伊吹山を山岳仏教の聖地として開いた修験《しゅげん》者である。役小角《えんのおづぬ》にはじまる修験道を極めたとされる。山を住みかとし、空を飛ぶ能力を持つと信じられた。いわば仙人のような僧だったのだろう。

本尊の聖観音と十一面観音は空中飛行《くうちゅうひぎょう》観音と呼ばれ、飛行機旅行の安全祈願をする参拝者が多いという。しかし、山上の松尾寺は昭和56年の豪雪で、本堂などが倒壊してしまった。いまは、麓の中山道醒井宿にある松尾寺政所《まんどころ》に本尊が秘仏として納められている。

松尾寺山へは、麓の村々から参拝する人たちが多かったことから、いくつもの道があるが、もっとも登りやすいのは、米原市西坂《にしさか》の集落からの道である。ハイキングコースになっているため、道に迷うこともない。

西坂の集落は、国道21号を南へ折れて、米原工業団地を越えた山の裾野にある。集落のいちばん上に**正恩寺**《しょうおんじ》というお寺があり、その裏手に地蔵堂がある。

米原市

↑峠にある大日如来一本杉

山頂に群生するカタクリの花

ハイキングコースは、そこから始まっている。

よく踏まれた山道を30分ほど登っていくと、**えみの地蔵**と記された標識のある平坦地に着く。小さな石の祠のなかで、地蔵様が笑っておられる。ここからは、西坂の家並みが一望できる。

広葉樹の広がる山道をなおも登っていくと、**大日如来一本杉**と記された標識に出合う。杉の巨木の根本に、小さな石の祠がある。来た道と反対側へ下ると醒井養鱒場《ようそんじょう》へ至ることができ、ここは峠にあたる。案内板には「バス停へ約40分」と記されている。

ひと息ついたあと、なだらかな尾根道を北へ向かう。蔵王大権現と記された石柱を過ぎると、20分ほどで**山頂**に到着する。山頂は広葉樹のなかにあり、展望が利くのは木々が葉を落としたときだ。できれば、秋から春にかけて、明るい陽ざしのなかで山頂に立ちたい。春には、山頂一帯が薄紫のカタクリの花で彩られる。山野草の隠れた宝庫である。

山頂から**松尾寺**の方面へ下りていくと、一気に東側が開ける場所に出て、伊吹山《いぶきやま》を大きな迫力で望むことができる。さらに下っていくと、庭園の跡らしき岩組みが現れる。松尾寺は、その下にあり、急な坂を下りたところが境内である。お寺の裏手からやってきたことになる。

境内には、重要文化財になっている九重塔と曼陀羅堂《まんだらどう》が残るのみだが、静寂に包まれた空間に時間の経つのも忘れそうだ。一角には、ヤマザクラの巨木が横倒しになったまま、緑の葉を茂らせている。自然の生命力に感動する。春には、美しい花を咲かせることだろう。

帰りは、正面の石段を下りて、上丹生《かみにゅう》の集落へ出ることもできる。

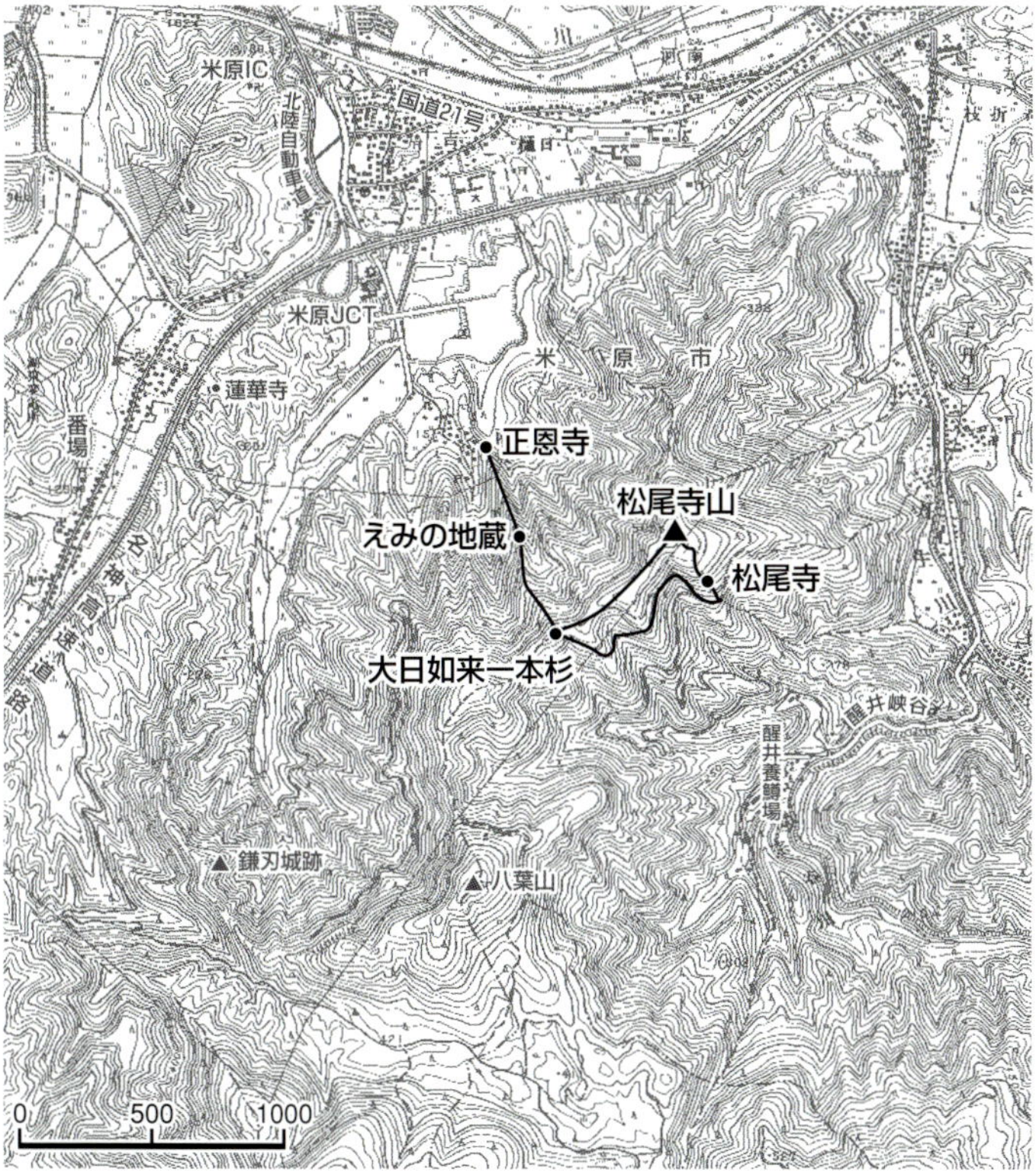

参考タイム

正恩寺 ―(30分)― えみの地蔵 ―(20分)― 大日如来一本杉 ―(20分)― 松尾寺山 ―(20分)― 松尾寺

アプローチ 正恩寺へ

名神高速道路米原ICから車で５分。JR東海道本線（琵琶湖線）米原駅からバス醒ヶ井養鱒場線息郷小学校前下車、徒歩15分。

周辺のおすすめスポット

【醒井水の宿駅】 JR醒ヶ井駅前の複合施設。レストラン、湧水のコーヒーが味わえるカフェ、特産品・土産物のコーナーなどがある。近くに醒井宿資料館もある。（☎0749-54-8222）

【醒井木彫美術館】 米原市上丹生出身の日展作家森大造（1988年没）と上丹生の彫刻家たちの常設展を備えた美術館。（☎0749-54-0842）

問い合わせ先 **米原観光協会 ☎0749-58-2227**

八葉山 ［米原市］

雑木林が広がるカルスト台地の山

はちようざん
601m

トレッキング適期

1月
2月
3月
4月
5月
6月
7月
8月
9月
10月
11月
12月

芽吹きの季節、明るい雑木林を彷徨するのは、低山を歩く楽しみの一つだ。なかでも、北鈴鹿の山々はいい。春の日差しとともに、灰色に包まれたモノトーンの世界のなかに、かすかな萌黄の色合いが混ざりはじめ、次第にその濃さを増していく。北鈴鹿の山に広がる雑木林は、山に暮らした人々が連綿と手を加えてきた二次林である。自然の恵みを受けて生きてきた証のような、なつかしさがある。

鈴鹿山脈と呼ばれる山群は、どこが北の端になるのだろう。茫洋としたカルスト台地の広がりに少し考え込んでしまうのだが、地図を広げてみると、すぐに答えが見つかる。西から東へ弧を描くように山裾を走る中山道が、鈴鹿の北端を区切っているのだ。

中山道の宿場町である米原市番場《ばんば》に、蓮華寺《れんげじ》という古刹がある。山号を八葉山《はちようざん》といい、同じ名の山が蓮華寺の東にある。目立たない山の一つで、蓮華寺との結びつきもわからない。だが、美しい雑木林が広がるなだらかな山容は、これが鈴鹿の北の山といえる静かな魅力に満ちている。

八葉山に登る道は、おそらく番場からもあったのだろうが、いまははっきりしない。醒井養《さめがいよう》鱒場《そんじょう》からの道がわかりやすく、途中まで林道があって便利だ。養鱒場のゲートの手前を右に折れると、六角形の屋根をした中国風の建物が現れる。この地に生まれたという、霊仙三蔵《れいせんさんぞう》を祀る記念堂である。その横を、林道が松尾寺《まつおじ》の手前まで続いている。**林道終点**に車を停めて、まずは**松尾寺**へお参りしていこう。空中飛行《くうちゅうひぎょう》観音で知られる名刹だが、四半世紀前の豪雪で本堂などが倒壊し、今は重文の九重塔と曼陀羅堂《まんだらどう》が残るのみである。

寺から左手へ、山腹を巻くよ

⬆山頂から望む霊仙山

⬆麓にある霊仙三蔵の記念堂

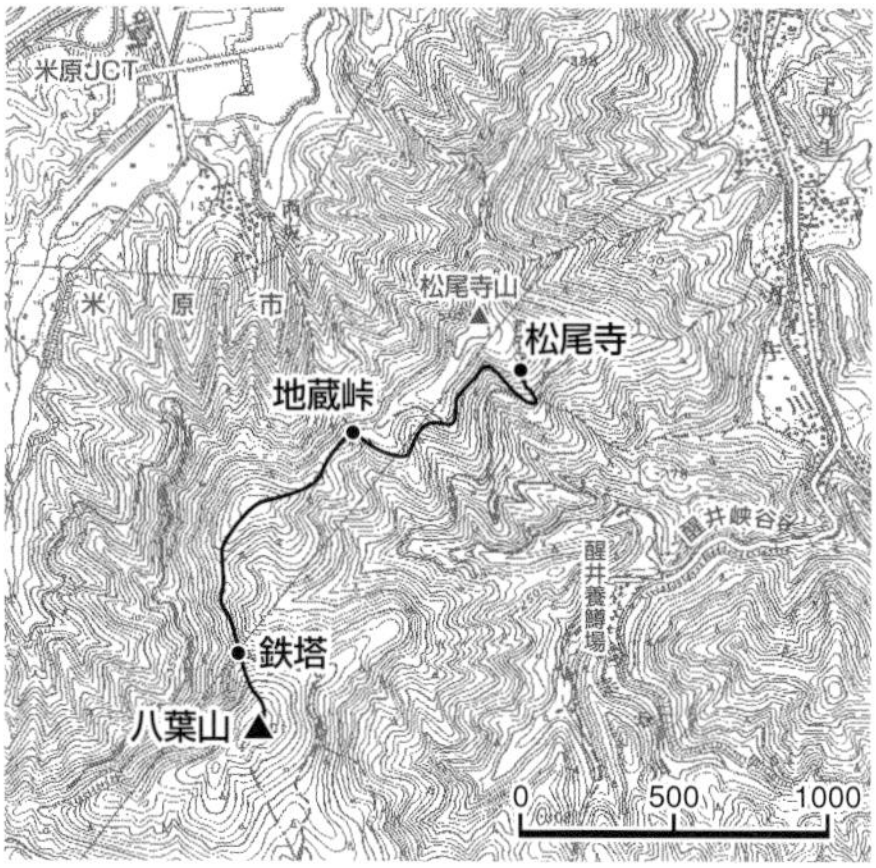

うに山道を登っていくと、尾根上に2本の杉の巨木が見えてくる。**地蔵峠**と呼ばれ、杉の木の下に小さな地蔵様が祀られている。峠を下りていくと、西の麓にある西坂《にしさか》の町へ出る。尾根に沿って北へ行くと松尾寺山である。八葉山は、尾根を南へ進む。

なだらかな尾根道には芽吹きの林が広がり、木々を縫うように、かすかに残る踏み跡が続いている。林のなかに軽やかな小鳥のさえずりが聞こえ、落ち葉を踏みしめて歩くと、ブルブルと羽音を響かせて小鳥が飛び立っていく。

やがて、送電線の**鉄塔**が立つ広場のような場所に出ると、西の視界が開ける。霞む琵琶湖が広がり、奥琵琶湖に突き出た葛籠《つづら》尾《お》崎《ざき》から南の長命寺《ちょうめいじ》山《やま》までを見渡すことができる。

ここから山頂までは急登になる。一気に登りきると、雑木林に覆われた平地の真ん中に、ケヤキの大木が山の盟主のように立っている。山頂からの眺望はよくないが、東に横たわる霊仙山の眺めが圧巻である。**八葉山**は、芽吹きの季節がいちばんである。

参考タイム

林道終点 ―5分― 松尾寺 ―15分― 地蔵峠 ―40分― 鉄塔 ―15分― 八葉山

アプローチ **醒井養鱒場へ**

名神高速道路米原ICから車で15分。JR東海道本線醒ヶ井駅からバス醒ヶ井養鱒場線終点下車。

問い合わせ先

米原観光協会 ☎0749-58-2227

霊仙山

［米原市］

山上にクマザサとカルストの高原

りょうぜんやま
1084m

トレッキング適期

1月
2月
3月
4月
5月
6月
7月
8月
9月
10月
11月
12月

⬆「お虎ヶ池」の水は枯れたことがない

⬆山道に咲くフクジュソウ

秋は、ふるさとの山を楽しむ最高の季節である。芽吹きと新緑の春もいいが、北近江の山が豊かな表情を見せるのは秋。10月下旬から11月の末にかけてである。

なかでも、霊仙山《りょうぜんやま》はいい。紅と黄色に色づく広葉樹のなかをくぐり、かさこそと落ち葉を踏みしめて歩く。谷川の流れに喉をうるおし、カルストの岩に寝そべる。クマザサの原を彷徨し、ゆるやかに流れる雲を眺める。鈴鹿の山であり、北近江の山でもある。霊仙山は、さまざまな顔を持つ。だから楽しい山なのだ。

⬆眼下に琵琶湖と湖北の野が広がる

米原市の醒井《さめがい》から丹生川《にゅうがわ》をさかのぼると、いちばん奥にある町が上丹生だ。仏壇の狭間《さま》や欄間《らんま》などの木彫で、生計を立てる家が半数を占めるという。木彫の里である。町のなかほどで、醒井養鱒《ようそん》場《じょう》へ行く道を右に見ながら、川に沿ってまっすぐ登っていく。家並みが途切れ、林道を奥に進むと、川の対岸に**屏風《びょうぶ》岩《いわ》**が現れる。このあたりで車を置いて、水の枯れた川に沿って登りはじめる。

　ゆるやかな山道を歩くと、途中から川に水の流れが現れる。歩き始めて1時間、静寂のなかに瀬音が聞こえてくる。見上げると、紅葉の木々の間に幾筋もの水が流れ落ちている。**漆ケ《うるしが》滝《たき》**である。流れ落ちる水は、艶《つや》やかな絹糸を撚《よ》り合わせたようにも見える。

　滝の右側を巻くように登り、そこから尾根までは、紅と黄色に色づいた広葉樹のなかを歩く。尾根に出ると、風景は一変する。クマザサと石灰岩におおわれた、なだらかな高原が山頂まで続いている。

最初のピークは**経塚山**《きょうづかやま》と呼ばれる。昔、霊仙山にあったという霊山寺が廃寺になったとき、仏像や経典などを埋納したところだという言い伝えがある。

⬆艶やかな絹糸のような漆ヶ滝

日本の僧としてただ一人、三蔵《さんぞう》の称号を受けた霊仙《れいせん》三蔵は、この寺で修業した後、奈良興福寺で学び、最澄や空海とともに唐に渡ったという。憲宗皇帝の庇護を受けたが、皇帝亡き後、山岳仏教の聖地五台山で修業を重ね、日本に帰らぬまま、その生涯を終えた。一説では、麓の枝折《しおり》で生まれたという。

経塚山からいったん鞍部に下り、再び登り返すと**山頂**に到着する。山頂からの眺めは格別だ。眼下に北近江の野が広がり、その向こうに琵琶湖が横たわっている。竹生島《ちくぶしま》や多景島《たけしま》が、輝く湖面にぽっかりと浮かんでいる。

すばらしい眺望を思う存分楽しんだ後、再び**経塚山**まで戻る。ここで来た道と分かれて、左手に進むと、醒井養鱒場方面への下山路である。クマザサにおおわれた道を経て、急な崖を通り越すと、あとは廃村になった榑ヶ畑《くれがはた》まで広葉樹のなかの明るい道だ。

榑ヶ畑から15分ほどで**林道**に出るが、そこから**醒井養鱒場**までが長い。単調な林道歩きを避けたいなら、同行者と車2台で行き、1台は事前に榑ヶ畑に回しておく手もある。

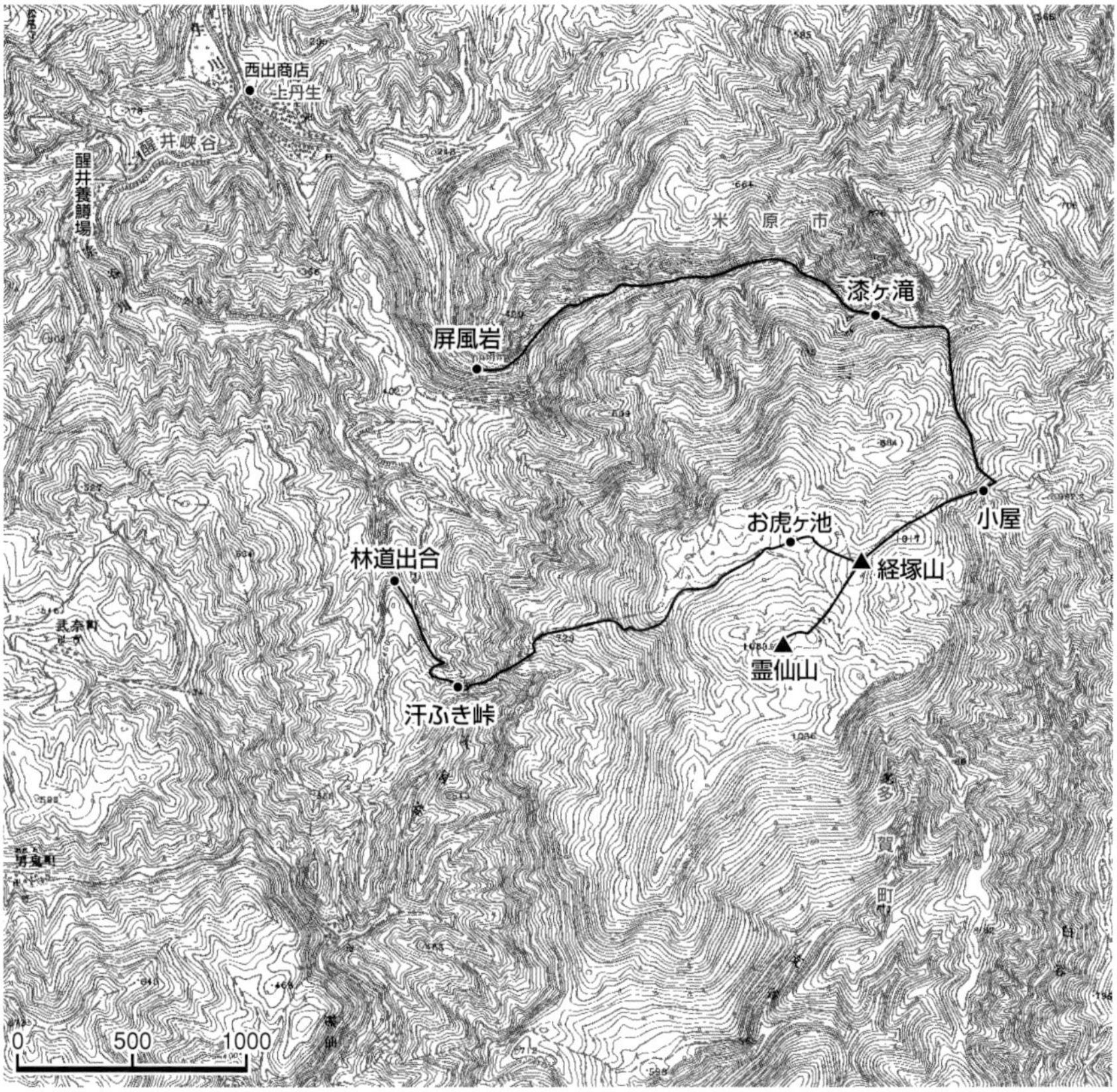

参考タイム

屏風岩 ― 60分 ― 漆ヶ滝 ― 50分 ― 避難小屋 ― 10分 ― 経塚山 ― 15分 ― 霊仙山 ― 10分 ― 経塚山 ― 10分 ― お虎ヶ池 ― 50分 ― 汗ふき峠 ― 15分 ― 林道出合 ― 50分 ― 醒井養鱒場

アプローチ **屏風岩登山口へ**

名神高速道路米原ICから車で10分。JR東海道本線醒ヶ井駅からバス醒ヶ井養鱒場線で上丹生下車、徒歩10分。

周辺のおすすめスポット

【醒井養鱒場】霊仙山の清水を利用した県営渓流魚ふ化場。場内には虹鱒料理の店が立ち並び、新鮮な料理が味わえる。近くに霊仙三蔵記念堂もある。(☎0749-54-2715)

【西出商店】霊仙山の登山口である米原市上丹生にある食料品店。長年霊仙の登山道整備を続ける店主の西出さんが見どころを教えてくれる。(☎0749-54-0324)

問い合わせ先 **米原観光協会 ☎0749-58-2227**

佐和山［彦根市］

近江の北と南を分けた戦国の拠点城

さわやま
233m

トレッキング適期
1月
2月
3月
4月
5月
6月
7月
8月
9月
10月
11月
12月

佐和山《さわやま》城は、石田三成の城というイメージが強いが、最初に佐和山に本格的な城を築いたのは浅井《あざい》長政である。北近江を押さえた長政が、南への前線基地として造ったのである。姉川の合戦ののち、城は信長の手に渡り、重臣の丹羽《にわ》長秀が城代として入城する。

佐和山は、信長にとって上洛の足がかりとなる重要な位置にあった。往時、山の西側には、松原内湖《ないこ》と入江内湖が広がっていた。陸路は、山の東側を貫く中山道であった。佐和山は、近江の北と南を隔てる要害であり、岐阜と京都の中継点でもあったのだ。

現在の彦根の街は、佐和山の南西に広がっているが、西側は城の搦《から》め手に当たり、大手門は中山道を向いていた。天正18年（1590）、佐和山に城を構えた三成は、中山道側を大手門としたが、新たに内湖側に居館を置いた。街道への備えとともに、湖上交通を重視したのである。関ヶ原合戦で三成が敗れ、城の石垣などは彦根城の築城に転用されるが、曲輪《くるわ》の跡などはいまもしっかりと残っている。

山の西側の麓に、清涼寺《せいりょうじ》や**龍《りょう》潭寺《たんじ》**、井伊《いい》神社といった井伊家ゆかりの社寺がある。ここの駐車場に車を停めて、舗装された坂道を歩いていくと、10分ほどで**大洞弁財天《おおほらべんざいてん》**の名がある長寿院へ着く。ここは山の中腹にあり、本堂から山門を見ると、ちょうど山門のなかの中央に彦根城が収まって望める。

本堂の左手を奥へ進むと石段があり、上に奥の院がある。その左手に東山ハイキングコースの道標がある。ハイキングコースは、ここから南へ向かって尾根上をたどり、本丸を経て国道8号のそばまで続いている。

登りはじめは、少し急な坂道である。明るいアカマツの林のなかをつづら折りに登っていくと、10分あまりで尾根に出ることができる。尾根に出ると道はゆるやかになり、広葉樹のなかの快適な低山遊歩になる。

ゆるやかなアップダウンを繰り返しながらしばらく行くと、龍潭寺の庭園からまっすぐ登ってくるコースと出合う。**鞍部**になっており、ここから先が城跡になる。登り返した先にまず西ノ丸が現れ、何段かになった平坦地から曲輪の跡であることがわかる。

最後に、急坂を登りつめると**本丸**にたどり着く。山頂は広く、すばらしい見晴らしだ。西には彦根市街と彦根城が望め、その向こうに琵琶湖が広がっている。東は霊仙山《りょうぜんやま》の前峰の左手に白銀の伊吹山《いぶきやま》が佇立している。東側には、中山道に向かって二の丸、三の丸が連なっているが、現在はそちらへ下りる道はない。

下りは南側の下山コースを取る。途中、千貫井戸《せんかんいど》跡を経て、**国道8号**の佐和山トンネルのそばに出る。ここから東山の新興住宅地のなかを通って、龍潭寺へ戻ることになる。

⬆山頂から彦根城を望む

⬆山の北側にある大洞弁才天

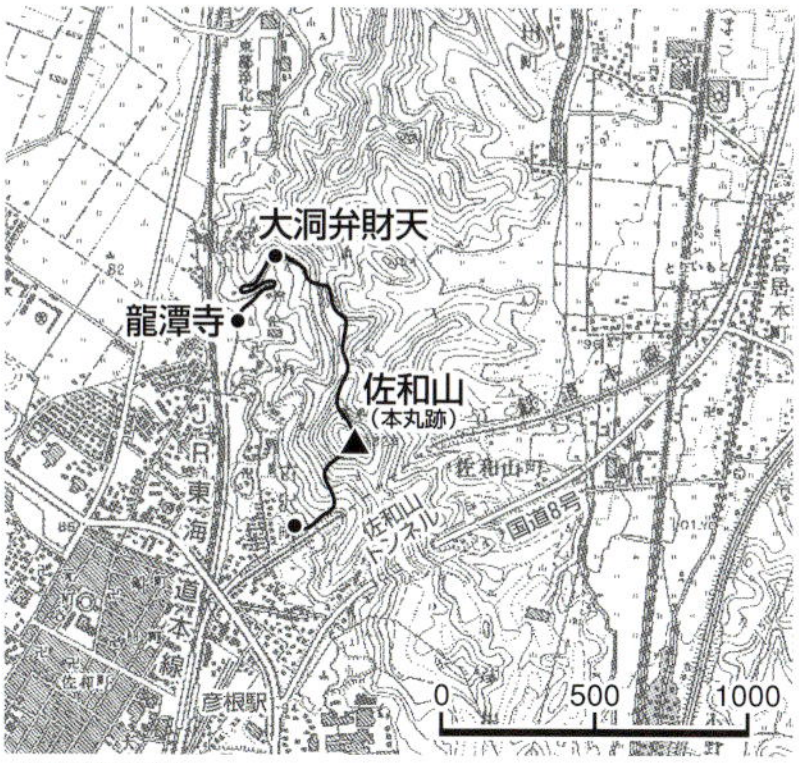

参考タイム

龍潭寺 —15分— 大洞弁財天 —30分— 鞍部 —15分— 本丸跡 —20分— 国道８号

アプローチ　龍潭寺へ

名神高速道路彦根ICから車で10分。JR東海道本線（琵琶湖線）彦根駅から徒歩20分。

問い合わせ先

彦根観光協会 ☎0749-23-0001

荒神山

［彦根市］

白亜紀の火山活動で生まれた神の山

こうじんやま
284m

トレッキング適期
1月
2月
3月
4月
5月
6月
7月
8月
9月
10月
11月
12月

彦根市の南部に広がる田園地帯のなかに、荒神山《こうじんやま》という小高い独立峰が構えている。琵琶湖のそばにあり、湖とのあいだには内湖《ないこ》が点在している。戦後、内湖の多くは食糧増産のために埋め立てられた。荒神山の北にある曽根沼は、干拓がおこなわれるまで100ha近くあったというが、現在は5分の1ほどの大きさである。当時、荒神山は琵琶湖に浮かぶ島のような地形だったのではないだろうか。

　曽根沼の岸辺から仰ぎ見る荒神山は、低山ながら堂々としている。山の尾根がゆるやかに北へ延びて、宇曽川と接するところに**唐崎《とうさき》神社**がある。荒神山への登りは、ここから始まる。神社から尾根沿いに歩きやすいハイキングコースが整備されており、照葉樹が繁る林のなかをアップダウンを繰り返しながら登っていく。

　照葉樹林のなかにヒノキの植林地があり、アカマツの林もある。樹相は豊かである。明治時代、荒神山は木の乱伐により、すっかりはげ山になってしまった。一人の村人がそんな山に黙々と木を植え続け、美しいアカマツの林をよみがえらせたという。尾根道に点在するアカマツの巨木は、そのときに植えられたものだろうか。いい話である。

　やがて右手の眺望が開け、干拓地と琵琶湖が一望のもとに広がる。多景島《たけしま》が琵琶湖にぽっかりと浮かび、背後にうっすらとした竹生島《ちくぶしま》の島影が見える。多景島と竹生島が重なって見えるという風景は新鮮だ。

　途中、山頂へ通じる林道を横切り、木の階段を登っていくと、荒神山神社の裏手に突き当たる。標識にしたがって右手に取り、神社の正面にまわると**山頂**に到着する。

荒神山神社は、火産霊神《ほむすびのかみ》という火の神様を祀っている。荒神様は、火とかまどの神様、台所の神様として古くから庶民に親しまれてきた。6月30日の水無月大祭には、多くの人たちで賑わうという。言い伝えによれば、奈良時代、この山に行基《ぎょうき》菩薩《ぼさつ》が49院の奥院、奥山寺を開山したのだという。明治の神仏分離令によって、寺は廃され神社が残った。

帰りは来た道を少し戻り、途中で「Eコース」と書かれた標識に沿って右手へ下りていこう。途中、標高262mの**三等三角点**があるが、林の中にあり注意しないと見過ごしてしまう。

登りの道でも見かけるが、下山路には人の背丈を超える巨岩が点在している。火砕流が冷えて固まった流紋岩《りゅうもんがん》だという。荒神山は、およそ1億年前、白亜紀の火山活動によって生まれた山なのだ。

やがて、眼下に**少年自然の家**のフィールドアスレチック場が見えてくると、山道は終わる。

⬆曽根沼から眺める荒神山

⬆麓にある唐崎神社

参考タイム

唐崎神社 —30分— 展望台 —20分— 荒神山神社 —10分— 三等三角点 —30分— 少年自然の家

アプローチ 唐崎神社へ

名神高速道路彦根ICから車で20分。JR東海道本線（琵琶湖線）河瀬駅から徒歩45分。

問い合わせ先

彦根観光協会 ☎0749-23-0001

青龍山 ［多賀町］

近江猿楽のルーツ敏満寺の山を登る

せいりょうざん
333m

トレッキング適期
1月
2月
3月
4月
5月
6月
7月
8月
9月
10月
11月
12月

多賀大社は、お多賀さんとして親しまれ、あまりにも有名だが、近くにある胡宮《このみや》神社は意外と知られていない。いずれも祭神は伊邪那岐命《いざなぎのみこと》と伊邪那美命《いざなみのみこと》であり、胡宮神社の歴史も多賀大社に負けず劣らず古い。

胡宮神社は青龍山《せいりょうざん》の麓に位置しているが、上古、この山自体がご神体だった。頂にある磐座《いわくら》やみそぎ池は、その歴史を物語っている。中世初期に、青龍山の麓に敏満寺《びんまんじ》が創建されると、やがて山麓に胡宮神社の社殿も造営され、ともに栄えてきたのだろう。

胡宮は「こきゅう」とも読める。胡弓、つまり伎楽《ぎがく》との関係を連想させる。そのつながりをいっそう感じさせるのが、近江猿楽《さるがく》のルーツである敏満寺《みまじ》座の存在である。能楽の大成者である世阿弥《ぜあみ》の『申楽《さるがく》談儀』によれば、敏満寺座は嫡子を山階《やましな》に置き、二男を下坂《しもさか》に、三男を比叡《ひえい》に置いて、近江三座の猿楽の流れをつくったという。山階と下坂は、現在の長浜市にある。北近江一帯が、当時から社寺と結びついた芸能の宝庫であったことを物語る。

多賀大社と町役場がある交差点を数百m南へ行くと、国道307号は名神高速道路の高架下を通る。**胡宮神社**の入口は、その手前を左へ折れたところにある。鳥居の横にある駐車場に車を停め、鳥居を抜けると、左手に多賀町歴史民俗資料館がある。資料館の横に「いわくらの小径」と書かれた道標があり、ここが**登山口**である。

登りはじめは階段状の急な道だが、すぐにゆるやかな道になり、明るい林に変わる。しばらく進むと、山頂への道と**神の森との分岐**があり、左手の神の森の先に胡宮神社の元宮である磐座とみそぎ池がある。

山頂へは、まっすぐにゆるや

⬆展望台から高宮池と多賀大社方面を望む

⬆麓にある臨済宗正覚禅寺

⬆胡宮神社の参道

かな山道を登っていく。やがて、こんもりとした二つの頂が見えてくる。左手が山頂で、右手は展望台になっている。展望台からは南が開けていて、眼下に二つの池や名神高速道路が見える。彼方には琵琶湖が望める。天気に恵まれれば、いつまで展望を眺めていても飽きることがない。

下山路は、登ってきた道とは反対側の「花の小径」を下りていこう。途中、やや急な坂道もあるが、木の階段が付いているので危険はない。20分ほどで**林道**と出合い、**東屋**が現れる。林道を下りていくと、名神高速道路の下を抜け田園風景が広がる。あぜ道を西へ進み、大門池《だいもん》という灌漑《かんがい》用の大きな池のそばを通って**敏満寺**の町に入る。

敏満寺の町並みは、しっとりと落ち着いている。そんな町並みの先に、**胡宮神社**への参道と大きな鳥居、そして広い階段が現れる。こちらが胡宮神社の表側になる。

多賀大社と胡宮神社へお参りしたついでに、青龍山へ登ってみよう。身も心もリフレッシュできること請け合いである。

参考タイム

胡宮神社北の鳥居 —(10分)— 神の森との分岐 —(20分)— 青龍山 —(20分)— 林道東屋 —(15分)— 敏満寺集落 —(5分)— 胡宮神社南の鳥居

アプローチ 胡宮神社へ

名神高速道路彦根ICから車で10分。近江鉄道多賀大社前駅から徒歩15分。

問い合わせ先

多賀町観光協会 ☎0749-48-2361

鍋尻山［多賀町］

鍾乳洞があるカルスト台地の山

なべじりやま
838・3m

トレッキング適期

1月
2月
3月
4月
5月
6月
7月
8月
9月
10月
11月
12月

米原市から多賀町にかけて広がる霊仙《りょうぜん》山系のカルスト台地には、いくつもの鍾乳洞《しょうにゅうどう》がある。なかでも、河内《かわち》の風穴《ふうけつ》は規模が大きく、近年、日本洞窟《どうくつ》学会でその延長が全国4番目であることが確認された。総延長は6㎞以上に及び、洞窟が山のなかを網の目のように延びているという。

鍋尻山《なべじりやま》は、河内の風穴がある山塊の主峰である。文字どおり鍋を伏せたような山容をしており、いかにもカルスト台地といったのびやかな雰囲気の山だ。河内は、芹川《せりがわ》の源流にある四つの集落を合わせて呼ぶ地名である。河内の風穴がある集落を宮《みや》前《まえ》といい、その奥に**妛原**《あけんばら》という小さな集落がある。昔は、その上流にもいくつかの集落があったが、ことごとく廃村になり、いまは妛原が最奥の集落である。集落といっても、現在も人が住んでいるのはわずかに数軒のようだ。

一軒の家の前で、草むしりをしている古老に鍋尻山への登山口を尋ねると、鉄の橋を対岸へ渡っていくのだという。人がようやく一人通れるほどの小さな橋だ。芹川の支流を渡り、廃屋の庭先を通り過ぎると、たしかに杉林のなかにしっかりとした山道が付いている。

つづら折りの山道を登っていくと、30分ほどで稜線に出るが、振り返ると眼下に妛原の民家の屋根が望める。かなりの急登であることがわかる。稜線に出ると、ゆるやかな明るい雑木林の道になる。**2本の杉**の巨木の下に、**お地蔵様**が祀られているところで一休みし、その先へ進むと、うっそうとした杉の植林地に入っていく。昔、妛原の人たちが畑をつくっていたという、平地のような場所である。道を尋ねた古老が、そう教えてくれた。岩原から歩いて1時間ほど。標高は500mあまりだろうか。狭い山間の土地を拓いてきた人たちの、執念のようなものを感じてしまう。

　植林地を抜けると、再び明るい雑木林のあいだを縫っていく。このあたりから道は踏み跡程度になり、わずかに付いた赤や黄色のテープを目印に登っていくことになる。このコースは、山に慣れた人以外は単独行を控えたい。

　やがて、広々としたカヤトの尾根に出る。**岳《だけ》ノ峠**と呼ばれるところで、目の前に鍋尻山がどっしりと構えている。とても気持ちのいい場所だ。再び踏み跡に沿って登っていくと、もう一度カヤトの原に出る。振り返ると、霊仙山が圧倒的な迫力で構えている。すばらしい眺望に、時の経つのを忘れてしまう。

　最後に、小灌木《かんぼく》のなかを分け入るように登って、三角点がある**山頂**に到着する。山頂は雑木林のなかにあり、残念ながら眺望は利かない。しかし、反対側へ100mほど行くと、琵琶湖が一望できるポイントがある。ぜひ立ち寄っていきたい。

⬆圧倒的な迫力で横たわる霊仙山

⬆麓にある河内の風穴。延長は全国第4位

参考タイム

岩原 —(40分)— 二本杉と地蔵様 —(50分)— 岳ノ峠 —(50分)— 鍋尻山

アプローチ　河内の風穴へ

名神高速道路彦根ICから車で20分。

問い合わせ先

多賀町観光協会 ☎0749-48-2361

高室山 ［多賀町］

カヤトの原とカルスト台地に遊ぶ

たかむろやま
816・6m

トレッキング適期
1月 2月 3月 4月 5月 6月 7月 8月 9月 10月 11月 12月

鈴鹿の北にある山は、多くがカルスト台地である。いまから数億年前、地球の歴史でいえば古生代だが、それらの台地は海底にあった。だから、石灰岩のなかには数億年前に海のなかに棲んでいた生物の化石が眠っている。霊仙山《りょうぜんやま》の南にある権現谷《ごんげんだに》では、古生代ペルム紀の三葉虫《さんようちゅう》や腕足類の化石がよく見つかるのだという。以前、彦根に住む化石採集家の大八木和久さんにそう教えてもらった。

権現谷の南に位置する高室山《たかむろやま》も、カルスト台地の一つである。山頂は広々とした高原状で、石灰岩の突起であるカレンフェルトが点在している。さわやかな秋晴れの日に、山頂に立ったなら、きっとこの山のとりこになってしまうだろう。

彦根から多賀町に向かう。多賀大社のある交差点を左へ折れ、国道３０６号を東へ進むと、道路は犬上川《いぬかみがわ》に沿って山のなかに入っていく。やがて山あいの大きな集落が現れる。**佐目**《さめ》という名の集落で、風穴《ふうけつ》があることで知られている。

町の中央で、国道は直角に右に折れるように曲がっており、その曲がり角に**バス停**がある。バス停の横に鉄の階段があり、「高室山登山口」と記された案内板がある。階段を上がると、舗装された道が山に向かって続いている。しばらく歩くと、右側に高室山への登り口の標識が立っている。

このルートは登る人が少ないようで、途中から踏み跡が消えかけているところも多い。だが、目印の赤いテープが付いているので、それを目印に登っていくことができる。針葉樹の植林地帯を抜けると、やがて高室山から派生する尾根に出る。丸山と呼ばれる７００ｍあまりの山塊を左手に見ながら、**尾根**を登っていく。

広葉樹の尾根道をひたすら登っ

ていくと、やがて突然のように**林道**に出る。北の鍋尻山《なべじりやま》方面から延びている林道であるが、登山道は再び右手の林のなかに入っている。クマザサと灌木《かんぼく》で覆われたトラバース※状の道がしばらく続くが、そこを過ぎると風景が一変し、なだらかな平原状の台地が目の前に現れる。カヤトの原にしっかりとしたトレース※が付いていて、山頂への期待感が高まってくる。

高原状の山頂は、360度さえぎるものがない。北に鍋尻山と地蔵岳《じぞうだけ》がこんもりとした山容を見せ、その向こうに霊仙山《りょうぜんやま》が控えている。東には御池岳《おいけだけ》がどっしりと構え、南には鈴鹿の山並みが続いている。そして、西には琵琶湖が一望である。

下山路は、登る途中で出合った林道を下りよう。こちらは一般的なコースで、しばらく単調な林道歩きがあるが、迷うことはない。しっとりとしたスギ林やカヤトの原を通り、**元陣屋**といわれる祠に出合ったりと、変化に飛んだコースである。山道が終わると、**南後谷**《みなみうしろだに》という美しい山間の集落に出る。

※トラバース：山腹を横切ること　※トレース：踏み跡

⬆山頂は360度の大展望

⬆元陣屋にある小さな祠

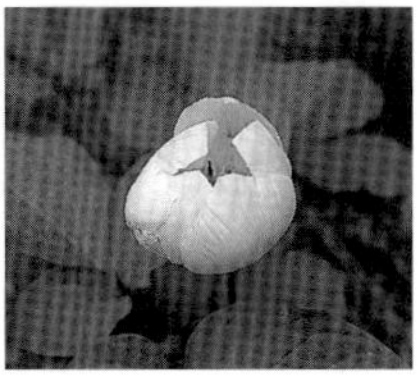
⬆山道に咲くヤマシャクヤクの花

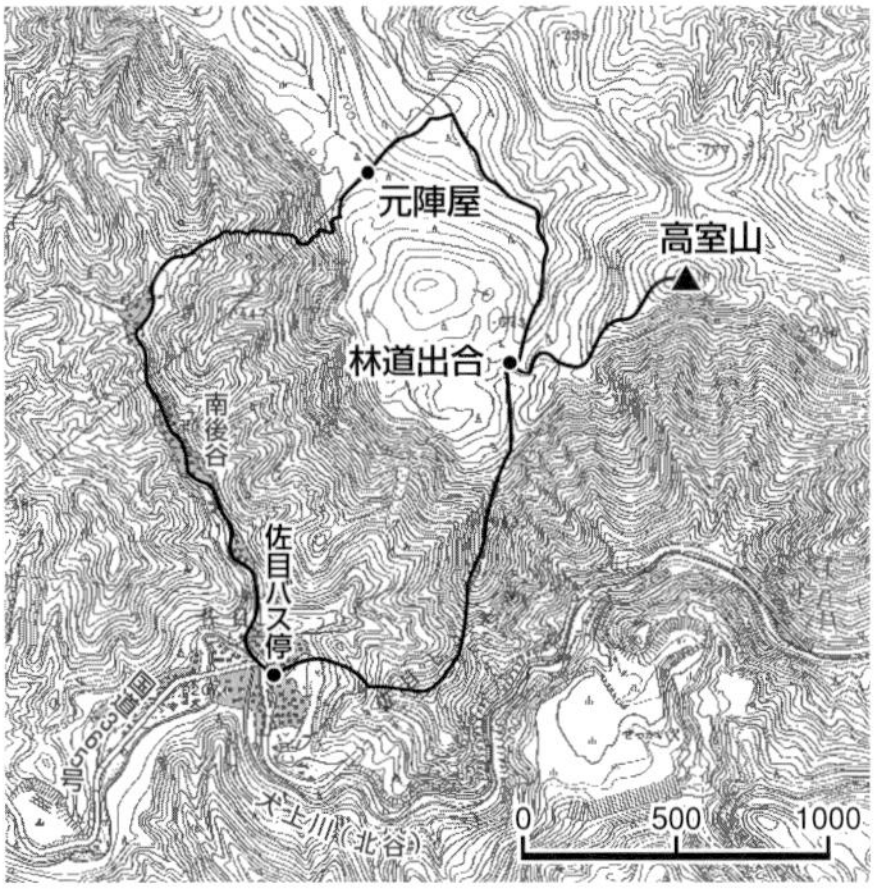

参考タイム

佐目バス停 ―40分― 尾根 ―80分― 林道出合 ―20分― 高室山 ―15分― 林道出合 ―45分― 元陣屋 ―40分― 南後谷 ―20分― 佐目バス停

アプローチ 佐目へ

名神高速道路彦根ICから車で20分。近江鉄道多賀大社前駅からバス大君ヶ畑線佐目下車。

問い合わせ先

多賀町観光協会 ☎0749-48-2361

湖東

御池岳

高原のカレンフェルトとドリーネの山

［多賀町・東近江市］

おいけだけ
1247m

トレッキング適期

1月
2月
3月
4月
5月
6月
7月
8月
9月
10月
11月
12月

御池岳《おいけだけ》は鈴鹿の最高峰だが、北近江にはなじみの薄い山である。霊仙山《りょうぜんやま》の南にあるが、ピークを見極めにくい山容をしている。だが、登ってみると、いくつもの印象的な風景に出会える山だ。カルスト地形がつくり出すカレンフェルトやドリーネは、霊仙山よりも多彩で、その規模も大きい。

彦根から多賀町へ向かう。多賀大社の交差点を左へ折れると、三重県に抜ける国道３０６号である。ここから県境にある鞍掛《くらかけ》トンネルまでは20分ほど。**登山口**は、トンネルの手前にある鞍掛橋のそばにあり、林道の入口に車が数台置けるスペースがある。

林道を歩き始めて10分ほどで、道は二股になる。右手が御池谷、左手が伊勢谷で、どちらからも御池岳へ登れるが、今回は谷筋をたどる御池谷を登り、帰りに県境沿いの尾根筋から伊勢谷に下りるコースを紹介しよう。

渓流に沿った道は、やがて水のない**涸れ沢の出合**に着く。右手の涸れ沢を登っていくのだが、ここは道を見失いやすいポイントだ。木に巻かれた赤いテープを確認しながら、慎重に進もう。

涸れ沢の登りは少しきつい。大小の岩の上を、飛び石のように踏み越えて高度をかせいでいく。やがて広葉樹林のなかのつづら折り状の道になり、鈴ヶ岳《すずがたけ》と鈴北岳《すずきただけ》を結ぶ鞍部の**ヒルノコバ**と呼ばれる尾根に出る。

ここから**鈴北岳**までは、このコース最初のハイライトである。前方に鈴北岳を望みながら、背の低いクマザサのなかをなだらかな山道が続く。鈴北岳は、高原のなかの小さな起伏のような感じだ。山頂からは西に琵琶湖が望め、北は霊仙山や伊吹山《いぶきやま》など、北近江の山々が一望である。南には日本庭園と名づけられた高原状の台地が広がり、その向こうにゆるやかな山容の御池岳が構えている。すばらしい眺めだ。

いったん下って、多数の石灰岩が塔状に並ぶカレンフェルトの点在する草原を歩く。すり鉢状の窪地ドリーネによってつくられた、いくつかの池にも出合う。日本庭園は、第二のハイライトである。

そして三つ目は、御池岳手前の広大なオオイタヤメイゲツ林である。10月下旬、この林が一斉に紅葉するのだ。林のなかでキューンと鳴く声が聞こえたら、静かに佇んでみよう。運がよければ鹿に出会うことができる。

御池岳の山頂は林のなかにあり、伊勢方面が望めるだけだが、南へ10分ほど行くと、**ボタンブチ**と呼ばれる急崖がある。その岩頭に立つと眼下に緑の海が広がり、空中を泳いでいるような爽快感に満たされる。ここが第四のハイライトである。

帰りは御池岳から鈴北岳へ引き返し、そこから鞍掛峠まで県境の尾根道を下る。

⬆日本庭園のカレンフェルトと御池岳

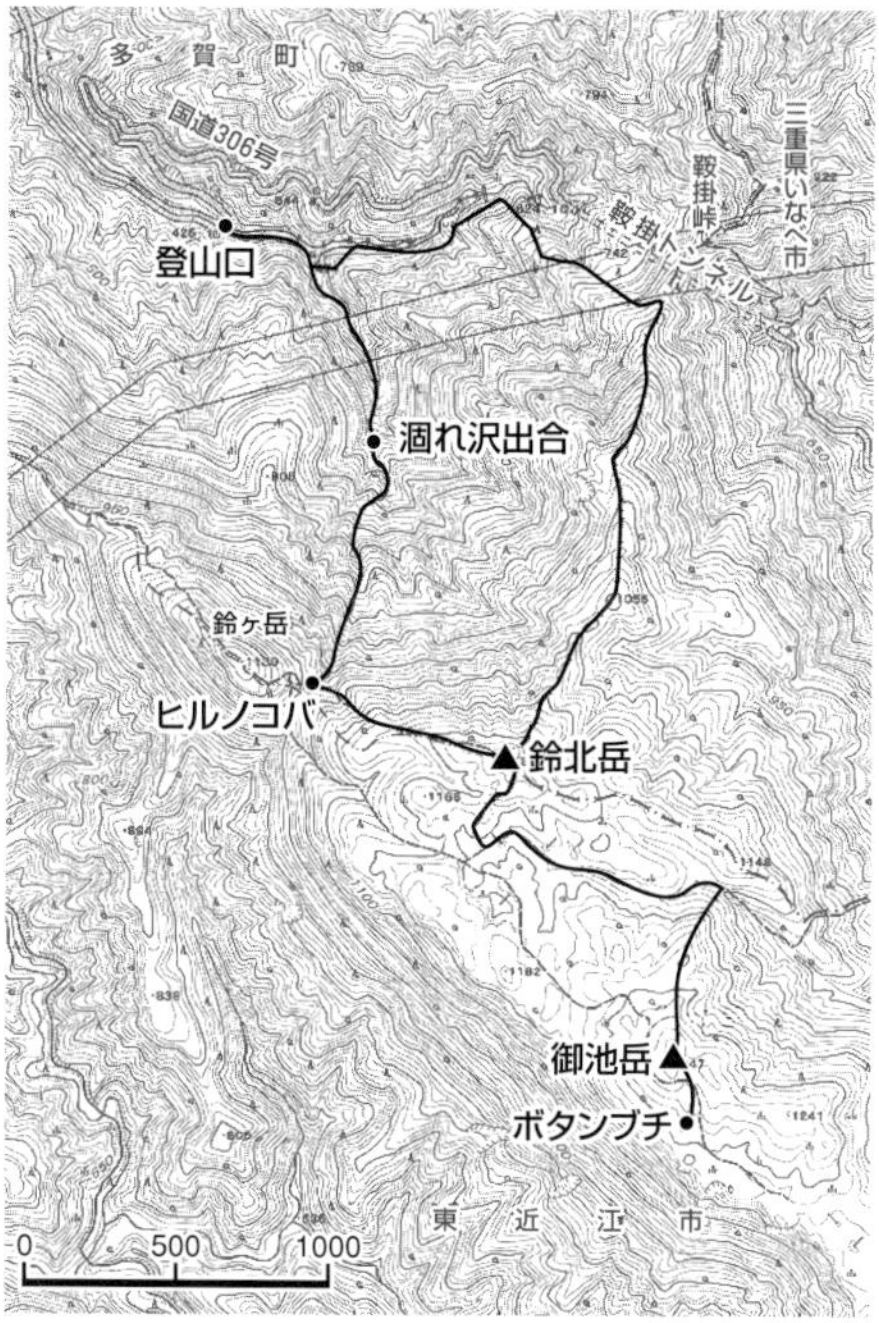

参考タイム

登山口 —20分— 涸れ沢出合 —50分— ヒルノコバ —20分— 鈴北岳 —50分— 御池岳 —10分— ボタンブチ

アプローチ **登山口の駐車場へ**

名神高速道路彦根ICから車で30分。JR東海道本線（琵琶湖線）彦根駅からタクシー利用。

問い合わせ先

多賀町観光協会 ☎0749-48-2361

藤原岳 ［三重県いなべ市］

春の花々に会いに鈴鹿の展望台へ

ふじわらだけ
1120m

トレッキング適期
1月 2月 3月 4月 5月 6月 7月 8月 9月 10月 11月 12月

春、鈴鹿の山は山野草の宝庫である。とくに、霊仙山《りょうぜんやま》から御池岳《おいけだけ》、藤原岳《ふじわらだけ》にかけての、北鈴鹿と呼ばれる一帯の山々は、雪解けが進む3月から4月にかけて、明るい雑木林の林床に可憐な花々が咲く。山全体が石灰岩地であるうえに、太平洋側と日本海側の両方の気候を持つため、多様で特色のある植物が分布している。

なかでも藤原岳はいい。色とりどりの花に出会えるだけでなく、山道がよく整備され歩きやすい。山頂からの展望も一級品だ。天気のよい日には、西に琵琶湖、東に伊勢平野と太平洋を望むこともできる。山頂は三重県との県境にあるが、滋賀県側から登るにはアプローチが長く一般的ではない。三重県いなべ市藤原町から登る方がたやすい。

関ヶ原インターチェンジを越えて道を右手に取り、上石津《かみいしづ》の町を通り抜けると、多賀町からの峠越えの国道306号と出合う。その先に、大貝戸《おがいと》という大きな町がある。藤原岳の**登山口**はここにある。関ヶ原から20分ほどである。

この町には、三岐《さんぎ》鉄道の終着駅である西藤原駅があり、登山口は駅の北側にある。最初はスギの植林帯のなかを縫うように登っていくので、見晴らしは利かない。5合目付近まで来ると、植林帯を抜けて周囲が明るくなる。葉を落とした落葉樹のなかを登っていくと、やがて道が平坦になり、早春の花が現れはじめる。

まず目につくのは、フクジュソウの黄色い花である。山の景色は、まだ冬枯れの灰色の世界。そのなかに点々と群がる黄色は、いっそう鮮やかである。なかには、残雪のなかから顔を出している花もある。

小さな白い花びらをつけてい

るのは、セツブンソウだ。派手さはないが、白と薄紫の花びらが、とても上品である。名前のとおり、里山の麓や畑の畦などでは、節分のころに咲きはじめる。ほかにも、アマナ、ミスミソウ、タチツボスミレといった愛らしい花々が山道を彩る。これらの花は、5月上旬まで楽しむことができる。

4月から5月にかけて、山を彩るのはカタクリの花である。薄紫をした6枚の花弁が、小さな風ぐるまのように揺れている。運がよければ、山道から少し離れた窪地に、一面に群生するカタクリを見つけることができる。

4月上旬は、**8合目**を過ぎると残雪が現れるが、スパッツをつけていれば問題はない。避難小屋になっている**藤原小屋**を越えて、最後の急登を登りきると頂上の**展望丘**に着く。文字通りの大展望台で、360度の眺望をほしいままにできる。

下山路は、8合目あたりで左手に折れ、**聖宝寺**の境内に出る道もあるが、谷筋になるため、残雪がある時期は、来た道を下りるのが無難である。

⬆山頂から伊勢湾方面を望む

⬆山道にはコバイケイソウの群落がある

⬆山道に咲くミスミソウ

参考タイム

登山口 ——120分—— 8合目 ——20分—— 藤原小屋 ——15分—— 展望丘

アプローチ 登山口へ

名神高速道路関ヶ原ICから車で20分。三岐鉄道西藤原駅から徒歩5分。

問い合わせ先

いなべ市農林商工課 ☎0594-46-6309

湖東

勝楽寺城跡

京極導誉の菩提寺と山城がある山

［甲良町］

しょうらくじじょうせき
308m

トレッキング適期

1月 2月 3月 4月 5月 6月 7月 8月 9月 10月 11月 12月

室町時代、近江の守護であった佐々木氏は、京極《きょうごく》家と六角《ろっかく》家が愛知《えち》川を境にして北と南を分け合った。婆娑羅《ばさら》大名として知られる京極導誉《どうよ》は、京極家5代目の当主である。『太平記』では、謀《はかりごと》をめぐらし権威を嘲笑し、しかも猿楽《さるがく》や茶、花に通じた粋人として描かれている。

導誉は、鎌倉幕府の執権北条高時が出家したとき剃髪して称した名であり、本来の名は高氏という。室町幕府を開いた足利尊氏とともに、動乱の世を生き延びていく。後醍醐天皇を擁して鎌倉幕府を討ち、後醍醐天皇の建武の新政から離れて北朝を推し、足利尊氏の室町幕府を支える。

北近江には、米原市清滝《きよたき》や伊吹《いぶき》山《やま》中腹にある太平寺《たいへいじ》城跡など、『太平記』の時代の史跡が多い。甲《こう》良《ら》町にある京極導誉の菩提寺といわれる**勝楽寺**《しょうらくじ》と、同寺の裏山にある勝楽寺城跡もその一つである。

彦根から国道307号を南へ向かう。胡宮《このみや》神社のある多賀町敏満寺《びんまんじ》を過ぎ、犬上《いぬかみ》川を渡ると、左手に小高い山が近づいてくる。湖東三山の一つ西明寺《さいみょうじ》がある山塊である。山塊の北の麓に勝楽寺があり、南の麓に西明寺がある。そう言えば、地理的な感覚がつかめるだろう。

国道を左へ折れて名神高速道路の高架下を抜けると、正楽《しょうらく》寺《じ》という小さな集落があり、その奥に勝楽寺という古刹がある。正面に、古色を帯びた六脚門が現れる。信長の焼き討ちによって寺はことごとく焼失したが、この門が残ったのだという。

門の右手に、城跡へ登っていく山道がある。杉林のなかを登っていくと、最初に現れるのが**経塚**《きょうづか》といわれる平地だ。導誉の子高秀が、父の菩提を弔うために法要を営み、法華経の経文を石に書き込んで、この地に埋めたという。続いて現れるのが**狐塚**《きつねづか》。朱の鳥居が現われ、その奥に小さな祠がある。

狐塚から尾根までは、少し急な山道になる。三叉路の標識が現れると、**尾根**に着く。左手に進み、5分ほど平行移動すると城跡がある。途中、尾根から下へ向かって小さな谷のように付けられた、幾本かの窪地がある。縦堀《たてぼり》といわれ、山城を護る造りの一つである。

城跡からは、正面に荒神山《こうじんやま》が見え、その向こうに茫洋とした琵琶湖が広がっている。だが、すばらしい眺望が得られるのは、**上臈**《じょうろう》**落とし**といわれる、もう一つのピークの方だ。尾根をいったん三叉路まで戻って、その先へ進むと、見晴らし台のような切り開きのピークが現れる。

南には、六角氏の拠点観音寺《かんのんじ》城のあった繖山《きぬがさやま》が見え、その手前に愛知川が流れている。北には彦根城と佐和山《さわやま》が望める。勝楽寺城は、愛知《えち》川を挟んで六角家と対峙する京極家の前線基地であったわけだ。

⬆「上臈落とし」から観音寺城の繖山を望む

⬆勝楽寺には京極導誉の墓がある

⬆麓にある勝楽寺の六脚門

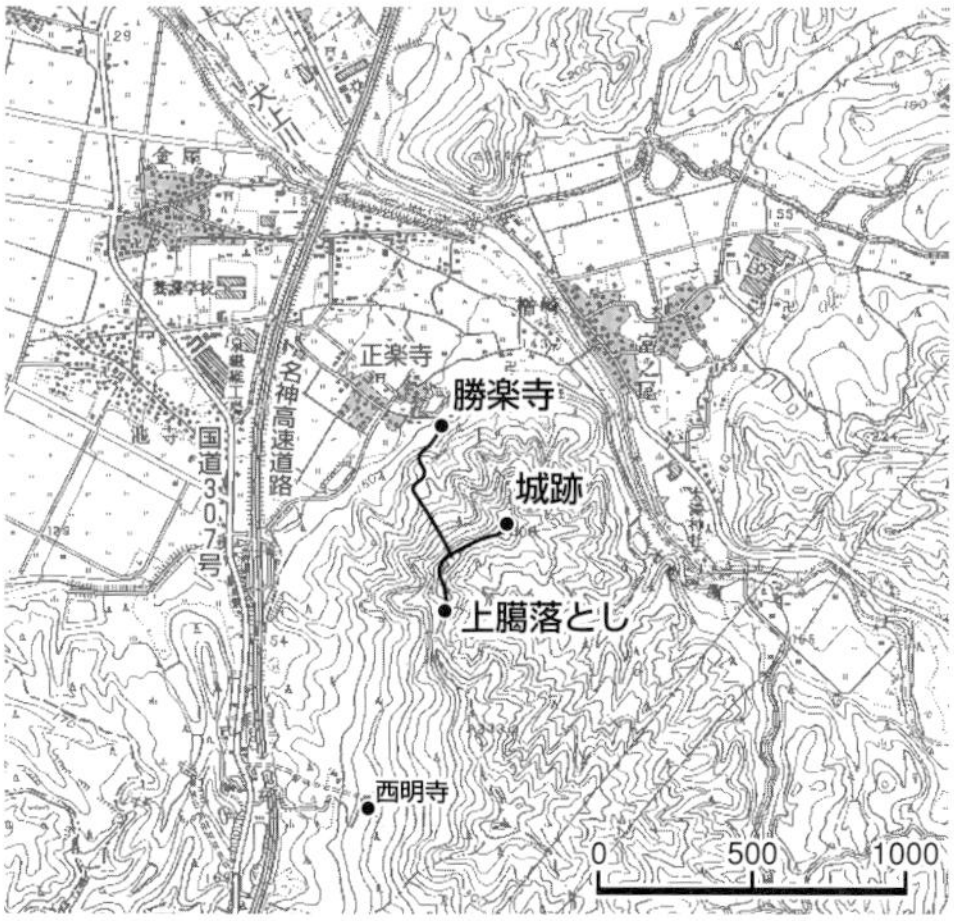

参考タイム

勝楽寺 ―5分― 経塚 ―10分― 狐塚 ―30分― 尾根 ―5分― 城跡 ―10分― 上臈落とし

アプローチ **勝楽寺へ**

名神高速道路彦根ICから車で15分。近江鉄道尼子駅から徒歩50分。

問い合わせ先

甲良町観光協会 ☎0749-38-5069

湖東

あとがき

北近江の山へ登りはじめたのは、30代半ばのころだ。それまでは、友だちと白山や北アルプス、中央アルプスへ行くのが常だった。といっても、岩登りや雪山といった先鋭的な登山をめざしたわけではない。ハイキングの延長のような山歩きである。それは、いまも変わらない。

もともと自然のなかに身を置くことが好きだった。学生時代にキスリングと寝袋を買って、たまに誰もいない北陸の山や日本海の海辺を彷徨した。地元の市役所へ勤めてからも、何度か山へ通った。ふだんの生活から離れて山の空気を吸うと、とても幸せな気持ちになった。山歩きが肌に合っていたのだ。

でも、僕が住むまちから見える北近江の山は、その後も伊吹山くらいしか登ったことがなかったし、登る山として眺めたことはなかった。地元の山へ登るようになったきっかけは、何だったんだろう。ふりかえってみると、そういうことだろうなと思うことがいくつかある。

一つは手軽さだ。所帯を持って子どもができると、時間が制約される。そう何泊もの山行きをするわけにはいかない。前書きにも書いているが、北近江の山は奥深い山が少ない。里に近くて便利な山が多いから、早朝に出かけて午後には帰ってくるという山行きが可能だ。伊吹山や霊仙山、赤坂山などは、そんなふうに今も年に何回かは登っている。

二つめは、季節を問わず山歩きを楽しむようになったことだ。若葉が萌え出す季節に、明るい雑木林のなかを歩く心地よさは忘れられない。小春日和のなかを落葉を踏みしめて歩く感覚も捨てがたいし、凛とした冬空の下で新雪を歩くのもいい。賤ヶ岳や山本山、清滝山、カブト山などの里山は、家族や愛犬といっしょにフラッと出かける山である。

三つめは、地域へ目を向け出したことだ。長浜の街に黒壁スクエアが生まれる少し前、職場の先輩たちと地域情報誌の発行をはじめた。地域の埋もれた宝物に光をあてて、まちづくりに生かしていこうというわけだ。当時、市役所の企画課にいたので、それは仕事の一環であり、個人的な楽しみのひとつでもあった。「長浜みーな」(現「みーな 琵琶湖から」) というタイトルの隔月誌で、数年後に運営が行政から民間団体に移った。今もボランティアライターの一人として関わっているが、地域の歴史や文化、自然など、「みーな」を通してたくさんのことを学んだ。

20年間、「みーな」に関わってきたおかげで、文章を書くことと写真を撮ることが僕のライフワークになった。この本に収められた文章は、2002年の春から5年間にわたって新聞折込情報紙の「さざなみ通信」に、「気ままにトレッキング」というタイトルで連載したものである。同紙では、若狭や越前、西美濃などの山も含めて60の山を取りあげたが、この本ではそのなかから北近江にある50の山を紹介することにした。

この本は、山歩きのガイドブックとしては、少しもの足りないと思われるかもしれない。山をとりまく歴史や草木のことなどに紙幅を多く取っているし、個人的な印象を記した部分も少なくない。つまり四半世紀近くのあいだに、ふるさとの山を歩くなかで見たこと、感じたことを綴った記録である。いわば、僕のメモワールのようなものでもある。

最後に「さざなみ通信」創刊時の編集人であった森雅敏さんと、現在の編集人であり「みーな」の編集長でもある小西光代さんにお礼申しあげたい。そして、僕といっしょに山歩きにつき合ってくれた友だちと家族と愛犬のコロと、北近江の山を愛する人たちにこの本を捧げたい。

著者略歴：西岳人（にしがくと）

1950年長浜市生まれ。長浜市役所を経て2007年から社会福祉法人に勤める。1989年に地域情報誌「長浜みーな」（現「みーな びわ湖から」）を数人で創刊。1998年から新聞折込情報紙「さざなみ通信」に「気ままにトレッキング」などを連載し、現在「花と樹の風景」を連載中。

近江 旅の本

北近江《きたおうみ》の山歩《やまある》き　花と琵琶湖と歴史に出会う

2008年3月30日　初版　第1刷発行

著　者　西　岳人
発行者　岩根順子
発行所　サンライズ出版
〒522－0004 滋賀県彦根市鳥居本町655－1
TEL 0749－22－0627　FAX 0749－23－7720

印刷・製本　P-NET信州

©Gakuto Nishi 2008
ISBN978-4-88325-349-4

定価はカバーに表示しております。
禁無断掲載・複写